미셸 초스도프스키 지음 | 박찬식 옮김

제3차 세계대전 시나리오

|다가오는 이란 전쟁과 그 위험|

Towards a World War III Scenario
The Dangers of Nuclear War

한울
아카데미

이 도서의 국립중앙도서관 출판시도서목록(CIP)은 e-CIP홈페이지(http://www.nl.go.kr/ecip)와 국가자료공동목록시스템(http://www.nl.go.kr/kolisnet/)에서 이용하실 수 있습니다. (CIP제어번호: 2012000442)

Towards a World War III Scenario

The Dangers of Nuclear War

Michel Chossudovsky

Global Research

※ 일러두기

1. 원문 주는 번호로, 옮긴이 주는 *로 표기했다.

2. 원문의 추가 설명은 ( ) 안에, 옮긴이의 부가 설명은 [ ] 안에 표기했다.

Towards a World War Ⅲ Scenario

The Dangers of Nuclear War

by Michel Chossudovsky

옮긴이 서문

　『제3차 세계대전 시나리오』. 이 책의 제목을 접하는 독자들의 첫 반응은 아마도 "에이, 설마"일 것이다. 심지어 이 과장된(?) 제목에 거부감마저 느낄 수도 있다. 이와 관련한 뒷이야기를 좀 하자면, 출판사에서도 처음에 이 책을 출판하는 것을 망설였고 막판까지도 제목을 순화시키는 게 어떠냐는 제안을 하기도 했다. 그러나 책의 출간을 앞둔 지금 우리는, 저자인 미셸 초스도프스키가 '제3차 세계대전 시나리오'의 중심에 두고 있는 이란과의 전쟁이 눈앞에 다가와 있는 현실을 목도하고 있다.

　직접적인 단초는 미국이 지난 연말 이란 중앙은행과 거래하는 기업이 미국 금융시스템과 거래할 수 없게 하는「2012 국방수권법」을 통과시킨 것이다. 미국은 곧바로 중국과 일본, 우리나라 등을 상대로 이란 제재에 동참할 것을 압박하고 나섰고 유럽연합도 이란산 석유 금수 조치를 위해 움직이고 있다. 미 - 서구의 압박에 맞서 이란은 전 세계 석유 물동량의 35%가 통과하는 호르무즈 해협을 봉쇄하겠다고 위협하고 새로 지어진 지하 핵시설에서 우라늄 농축을 시작했으며 간첩 혐의로 체포된 이란계 미국인의 사형을 선고했다. 미국은 이에 대응해 호르무즈 해협이 봉쇄될 경우 즉각 군사적 공격으로 대응하겠다고 경고하고 이란의 핵 프로그램을 '쓸어버리기' 위해 선제공격도 불사하겠다고 협박하고 있다. 이런 와중에 이란의 핵과학자가 차량폭발 테러로 백주대낮에 살해당하는 사건도 발생했다. 언제 전쟁으로 비화될지 모르는 일촉즉발의 위기상황이 전개되고 있는 것이다.

저자는 이란과의 전쟁이 그 규모와 성격에서 지금까지의 전쟁과는 차원이 다른 전쟁이 될 것으로 보고 있다. 이란은 이라크나 리비아 등과는 비교할 수 없는 강력한 군사력을 보유하고 있으며 동맹을 맺고 있는 시리아, 레바논의 헤즈볼라, 팔레스타인의 하마스 등과 함께 이스라엘을 비롯한 미국의 동맹국들과 미군기지에 상당한 타격을 가할 수 있다. 또한 미국 - 나토 - 이스라엘 동맹이 전쟁의 구실로 삼고 있는 이란의 핵시설은 여러 곳에 분산되어 있고 그 중 상당수가 강화 방화시설을 갖춘 지하 깊은 곳에 있다. 이란을 정복하려면 재래식 무기만으로는 안 되며 결국 핵무기를 동원하게 될 가능성이 매우 높다는 결론이 나온다. 실제로 이 책에서 상세히 추적하고 있듯이 미국은 지난 수년간 실제 전장에서 사용할 수 있는 소형 핵무기와 그 운반수단을 개발하는 데 주력해왔다.

이란과의 전쟁이 세계대전으로 비화될 수 있다는 또 다른 근거는 이란이 가지는 지정학적 및 지경학적 중요성 때문이다. 이란은 중동·중앙아시아의 중심에 있으며 중국과 러시아가 미국의 일방적 패권에 맞서 이 지역에서 영향력을 행사할 수 있는 유일한 지렛대 역할을 하고 있다. 이란은 세계 매장량의 10%를 상회하는 석유와 천연가스를 보유하고 있으며 특히 중국은 이란산 석유에 대한 의존도가 높고 투자도 많이 하고 있다. 즉 이란과의 전쟁에서 방관자로만 있기는 어렵다는 이야기다. 더구나 이란 점령에 성공한다면 미국의 군사력은 마지막 남은 표적인 중국을 향하게 될 것이다. 최근 미국 정부는 아시아 - 태평양 시대를 선언하고 군사력을 이 지역에 집중하겠다는 구상을 공공연하게 밝히고 있다. 이란 전쟁이 현실화될 경우 중국이 어떻게 대응할 것인지는 섣불리 예상하기 어렵지만 이 전쟁이 결국 현재 세계의 유일 패권국인 미국과 이에 맞서는 잠재적인 도전자인 중국 사이의 대결을 불가피한 현실로 앞당기는 결과를 초래할 가능성은 매우 높다고 할 수 있다.

9·11 이후 아프가니스탄에서 시작되어 이라크와 리비아를 거쳐 시리아, 이란까지 이어지고 있는 전쟁들은 각기 다른 계기와 명분을 가지고 일어났다. 그러다 보니 그것들은 서로 연관이 없는 개별적 사건들로 보인다. 그러나 저자는 어떤 이유와 명분을 동원했든 간에 이 전쟁들이 모두 미국을 위시한 서구 제국주의 국가들에 의한 침략전쟁이라는 동일한 맥락에 있음을 보여준다. 즉 이들 전쟁은 모두 직접적으로는 석유와 천연가스 등 핵심적인 전략 자원에 대한 통제권을 확립하고, 나아가서는 미국 - 나토의 지배에 대한 현재적·잠재적 도전을 제거함으로써 전 세계적인 패권을 유지 및 강화하기 위해 벌이는 제국주의 정복 전쟁이다.

문제는 2003년 부시 정부의 이라크 침공 당시보다도 세계적으로 반전운동이 약화되어 있다는 사실이다. 이라크 전쟁이 명분 없는 전쟁으로 전 세계적인 비판과 저항에 부딪쳤던 반면 리비아와 시리아에서의 전쟁은 이른바 '아랍의 봄'이라는 환상 속에서 인민과 민주주의를 위한 '인도주의적 전쟁'으로 조작되었고, 이란과의 전쟁은 '불량국가' 이란의 핵 위협을 제거해야 한다는 명분으로 합리화되고 있다. 반전운동에 나섰던 많은 시민운동단체들은 물론이고 심지어 서구 좌파 세력들도 상당수 이들 전쟁을 정당화하는 쪽에서 있거나 그것의 위험성을 과소평가하고 있다. 이 책의 저자가 우리에게 던지는 가장 강력한 메시지는 바로 여기에 있다. 허위 정보와 거짓 선전들에 놀아나지 말고 인류절멸의 위험을 초래할 전쟁을 막아 내기 위한 강력한 반전운동을 재건해야 한다는 것이다.

저자인 초스도프스키는 지난 1998년 『빈곤의 세계화』라는 책으로 우리에게 IMF 사태의 본질을 이해하는 데 도움을 준 바 있다. 그 이후 그는 지구화 연구센터를 설립하여 지난 수년 동안 세계적인 정치·경제 이슈들을 추적해왔다. 이란과의 전쟁의 위험이 눈앞에 펼쳐지고 있는 지금이야말로 구체적인 사실들에 기초한 그의 생생한 폭로와 호소에 다시금 귀를 기울여야 할 때가 아닐까 한다.

🎵 감사의 말

이 책을 위한 연구는 거의 10년 넘게 수행되었다. 글로벌 리서치 구성원들과 독자들에게 충심으로 감사드린다. 그들의 지지가 우리의 출판과 교육 봉사활동이 가능할 수 있게 했다. 편집 과정과 표지 그래픽의 창조적인 도안과 관련해서 지구화 연구센터의 마자 로마노(Maja Romano)에게 큰 신세를 졌다. 주의 깊은 활자 선정, 레이아웃, 제작에 대해 알려준 레지안 매키논(Réjean McKinnon), 필사본의 교열을 도왔던 드루 매케빗(Drew McKevitt)에게도 감사드린다.

2011년 5월 몬트리올에서

이 책을 일생을 지구 평화와 진리 추구, 군비축소, 핵전쟁 예방에 헌신한 앨리스 C. 탱 박사에게 바친다.
앨리스 탱의 제안은 '2퍼센트, 첫 공격 없애기(Two Percent, No First Strike)'로 명명되었다. 그 서약은 어떤 나라도 GDP의 2% 이상을 군사적 목적에 쓰지 않아야 하고 어떤 나라도 핵무기를 사용한 '첫 타격' 공격자가 되어서는 안 된다는 것이다.

차례

서문

세계는 중대한 갈림길에 서 있다. 일본 후쿠시마의 재앙은 전 세계적으로 핵 방사능의 위험을 전면에 부각시켰다.

일본에서 핵 위기가 발생함과 동시에, 새로운 지역적 전구(戰區)* 가 북아프리카에서 열렸다. '시민의 생명을 보호'하는 권한에 의거하여 유엔이 주도하는 '인도주의적 작전'이라는 구실을 달고 말이다.

이 서로 무관해보이는 두 사건은 핵이슈와 이제 그 손아귀를 리비아로 뻗고 있는 미국 - 나토 주도의 전쟁이 계속되는 것을 이해하는 데 결정적으로 중요하다.

일본의 위기는 '전쟁 없는 핵전쟁'으로 묘사되어왔다. 아직 충분히 평가되지 않고 있지만 여러 과학자들이 인정하듯이, 그것의 잠재적인 영향은 체르노빌 재앙보다 훨씬 더 심대하다.

일본의 위기는 핵에너지와 핵전쟁 사이의 암묵적인 관계를 공개석상으로 끌어냈다. 핵에너지는 민간의 경제활동이 아니다. 그것은 이른바 방위계약자들에 의해 통제되는 핵무기 산업의 부속물이다.

핵에너지와 핵무기의 배후에 있는 강력한 기업의 이해는 중첩되어 있다. 재앙의 최고점에 있는 일본에서 "핵산업과 정부 기관들은

---

* 전구(戰區, war theatre)란 '단일의 군사전략목표 달성을 위해 지상·해상·공중 작전이 실시되는 지리적 지역'을 일컫는 말이다.

일본의 민간 핵발전소 안에 숨겨진 원자폭탄 연구시설들이 발견되는 것을 막기 위해 재빨리 움직이고 있다."[1]

미디어의 컨센서스는 후쿠시마의 5개 핵발전소들의 위기가 확산되지 않고 제어되어왔다는 것이다.

현실은 다르다. 일본 정부는 '핵 위기의 심각성 등급은 …… 1986년 체르노빌 재앙의 그것에 맞먹는다'는 것을 인정하지 않을 수 없었다. 더욱이 고준위 방사성 물이 태평양으로 방출된 것은 잠재적으로 전 지구적인 방사능 오염으로 나아가는 과정의 도화선이다.

방사성 원소들이 일본의 먹이사슬에서 검출되고 있을 뿐 아니라, 방사능 비가 캘리포니아에서 기록되었다.

> 후쿠시마 주변의 바다와 대기로 방출된 해로운 방사성 원소들은 다양한 먹이사슬의 각 단계에 (예컨대 해조류, 갑각류, 작은 어류, 큰 어류 그리고 사람 또는 토양, 풀, 소의 고기와 우유, 다음에는 사람) 축적된다. 몸에 들어간 이들 방사성 원소는 내부 방사체라 불리는데, 갑상선, 간, 뼈, 뇌와 같은 특정한 기관으로 옮겨가서 계속해서 조그만 크기의 세포들에 많은 양의 알파, 베타 또는 감마 방사능을 노출시키며 수년에 걸쳐 종종 암을 유발하기도 한다.[2]

---

1) Yoichi Shimatsu, "Secret Weapons Program Inside Fukushima Nuclear Plant?" Global Research, April 12, 2011 참조.

2) Helen Caldicott, "Fukushima: Nuclear Apologists Play Shoot the Messenger on Radiation," *The Age*, April 26, 2011.

북아프리카의 새 전구

리비아에 대한 전쟁은 후쿠시마 재앙이 있은 지 며칠이 지나지 않아 개시되었다. 신문에서 보듯이, 군사적 확전의 위험한 과정이 이어지고 있다. 나토 전투기들은 국제법을 어기면서 거주지와 정부 건물들을 포함하여 리비아의 민간 표적들을 폭격하고 있다.

리비아에 대한 전쟁은 중동과 중앙아시아에서의 더 광범위한 군사의제의 불가결한 일부이다. 최근까지 그 군사의제는 아프가니스탄과 파키스탄(아프팍 전쟁), 이라크, 팔레스타인의 세 갈등지역으로 구성되어 있었다.

네 번째 전구가 북아프리카에서 열렸는데, 이는 광대한 지리적 권역에 걸친 확전 문제를 제기하고 있다.

이 네 전구는 내적으로 연관되어 있다. 그것들은 북아프리카와 중동으로부터 지중해 유역 대부분을 에워싸고, 아프가니스탄과 맞댄 중국 서부 국경, 그리고 북부 파키스탄까지 이어지는 더 넓은 갈등 지역의 일부이다.

리비아에 대한 전쟁이 어떻게 이 광범위한 미국 - 나토 군사의제와 연관되는가?

제3차 세계대전의 시나리오가 펼쳐지고 있는가?

북아프리카에서 핵무기 사용이 숙고되고 있는가?

핵독트린과 관련해서 볼 때, 미국 주도의 선제적 핵공격 개념은 수많은 나라들 또는 리비아를 포함한 '불량국가들'에 적용된다.

카다피 정권에 대한 전면전은 20년 이상 펜타곤(the Pentagon, the Department of Defense)의 계획안에 올라 있었다. 더구나 리비아는 전

B61-11

술 핵무기를 사용하는 선제적 공격을 위해 꼬리표가 붙은 최초의 국가였다.[3] 클린턴 행정부의 리비아 핵공격 계획은 1996년 국방부 기자 브리핑에서 분명하게 발표되었다.

"공군은 리비아의 타르후나흐에 있는 이른바 지하 화학무기 공장에 대해, 대통령이 그것을 파괴해야 한다고 결정한다면 B61-11(핵무기)을 사용할 것이다. 우리는 엄격한 의미의 재래식 무기를 사용하여 (타르후나흐를) 사용할 수 없게 만들지 못할 것"이라고 국방부 차관 해럴드 P. 스미스는 에이피통신(AP)에 말했다. 그는 ≪제인즈 디펜스 위클리(Jane's Defense Weekly)≫에 B61-11이 '선택되는 핵무기가 될 것이다'고 말했다.[4]

클린턴의 국방부 장관 윌리엄 페리는 상원 외교관계위원회 진술에서 "미국은 화학 및 생물학 무기로 무장한 나라들(예컨대 리비아)에 대해 핵무기를 사용하는 옵션을 보유한다"고 확인했다.[5]

국방부의 목표는 실제의 국가에 대해 B61-11 핵폭탄의 '시험'을 조기에 실행하는 것이었으며 그 국가가 바로 리비아였다. 즉 'B61이 생산도 되기 전에 리비아는 잠재적 표적으로 규정되었다'.[6]

3) Michel Chossudovsky, "America's Planned Nuclear Attack on Libya," Global Research, March 25, 2011 참조.

4) Federation of American Scientists, "The Neclear Information Project: the B61-11".

5) 같은 글. 또한 Greg Mello, "The Birth of a Nuclear Bomb: B61-11; Shades of Dr. Strangelove! We learn to love the B61-11?" *The Washington Post*, June 1, 1997.

전술 핵무기를 사용하여 리비아를 공격하려던 1996년 계획은 나중에 유보되었지만 리비아는 '블랙리스트'에서 지워지지 않았다. 즉 카다피 정권은 계속해서 선제적('방어적') 핵공격의 대상국으로 남아 있었다. 2002년 초 윌리엄 아킨은 "부시 행정부는 한 비밀 정책검토에서 …… 최소한 일곱 국가에 대해 핵무기 사용을 위한 비상계획을 기안하도록 펜타곤에 명령했다. 여기서 거명된 나라에는 러시아와 이라크, 이란, 북한 같은 '악의 축' 외에 중국, 리비아, 시리아가 포함되었다"[7]라고 폭로하기도 했다.

오디세이 여명 작전: 리비아에 핵무기를? 위협은 얼마나 현실적인가?

리비아에 대한 핵공격 프로젝트는 확실하게 유보되었는가, 아니면 리비아는 여전히 잠재적인 핵공격 대상으로 고려되고 있는가?

리비아에 대한 공습은 2011년 3월 19일에 시작되었다. 미국은 미주리 주(州)의 화이트맨 공군기지로부터 출동하는 박쥐 모양의 B-2 스피리트 스텔스 폭격기를 배치했다. '치명적이고 효과적'이라고 묘사된 이 폭격기는 '인도주의적 전쟁'의 도구로 이용되었다.

전쟁이 시작된 지 겨우 2주가 지났을 때, 펜타곤은 오디세이 여명 작전 개시와 함께 리비아에 배치된 것과 동일한 모델의 B-2 스

---

6) *Bulletin of the Atomic Scientists*, September/October 1997, p. 27. 자세한 내용은 Michel Chossudovesky, "America's Planned Nuclear Attack on Libya," Global Research, March 25, 2011 참조.

7) William Atkin, "Thinking the Unthinkable," *Los Angeles Times*, March 9, 2002 참조.

B61-11 모의실험.

리비아에 배치된 B-2 스피리트 스텔스 폭격기.
B61-11 핵폭탄 운반을 위해 선택된 항공기.

피리트 스텔스 폭격기를 이용하여 B61-11 핵폭탄을 시험하겠다고
발표했다.

B-2 스피리트 스텔스 폭격기는 B61-11 핵폭탄의 운반을 위해 미
공군에 선택된 항공기로, 이 시의적절한 시험은 B61-11 핵폭탄의
설치 장비, 기능성, 부품 등과 관련해서 시행되는 것이었다. 시험은
리비아 공습을 수행한 B-2 폭격기가 출동했던 화이트맨 공군기지
에서 출동한 B-2 폭격기에 의해 수행되었다.[8]

이러한 시험의 타이밍은 어떤 식으로든 리비아 폭격 작전의 연
대기와 관련되어 있는 것인가?

미 공군 전 지구적인 타격 사령부는 B61-11에 대한 공동시험조

----

8) 3월 말에서 4월 초 사이에(4월 4일에 앞서), 화이트맨 공군기지에서 출동하
는 제509 폭격부대의 B-2 스피리트 스텔스 폭격기가 B61-11 핵폭탄에 대한,
이른바 공동시험조립(Joint Test Assembly: JTA)에 이용되었다. 이 시험에 대
한 발표는 4월 4일에 있었다. 정확한 날짜는 드러나지 않았으나 합리적으로
보면 국가 핵안보국(NNSA)이 언론에 발표한 4월 4일의 며칠 전으로 추정할
수 있다. NNSA Press Release, "NNSA Conducts Successful B61-11 JTA Flight
Test," April 4, 2011. 자세한 내용은 Michel Chossudovsky, "Dangerous Crossroads:
Is America Considering the Use of Nuclear Weapons against Libya?" Global
Research, April 7, 2011 참조.

립 시험*과 오디세이 여명 작전에 따라 세
대의 B-2 스피리트 스텔스 폭격기를 3월
19일 리비아에 배치한 임무 2가지 모두를
담당했다.

B-2 폭격기의 리비아 전구 배치와 (B-2
폭격기가 운반한) B61-11의 장비 시험은
모두 화이트맨 공군기지에서 조율되었
다.**

B-2 스피리트 스텔스 폭격기.

미국의 장기 전쟁: 전 지구적인 군사의제

미국은 군사적 모험, 인류의 미래를 위협하는 '장기 전쟁'을 개
시했다. 이 책의 첫 두 장은 이 전 지구적인 군사의제의 기저에 놓

---

* 공동시험조립에는 무기가 고안된 대로 기능하는지를 판정하기 위해 비행시
  험 중에 다양한 무기 부품들을 감시하는 계기와 감지기들이 들어 있다. 이
  JTA는 또한 전체 테스트를 위해 폭탄 성능 데이터를 저장하는 비행기록장치
  도 포함한다(여기서 assembly는 여러 개의 회로, 장치 부품 등을 조합해서 필
  요한 기능을 실현한 집합체로, 이것을 기능 면에서 보았을 때의 호칭이다).

** 이 책은 리비아 전쟁 초기인 2011년 5월에 발간되었다. 리비아에서 핵무기
  가 사용되었는지는 확인되지 않고 있다. 그러나 '나토의 개입은 리비아를
  석기 시대로 돌려놓았다'는 전 영국 정보국 요원 애니 마천의 증언은 나토
  의 군사공격이 어떠했는지를 웅변해주고 있다. 미국 - 나토는 카다피 정권
  이 자기나라 국민을 공습해 6,000여 명을 죽였다며 군사적 개입을 정당화했
  지만 휴먼 라이츠(Human Rights)의 조사 결과, 나토 공습 이전에 숨진 사람
  은 양쪽을 합쳐서 250여 명에 불과했던 것으로 밝혀졌다. 그에 비해 나토의
  공습으로 숨진 리비아인은 무려 6만여 명에 이르는 것으로 추정되고 있다.

인 '죽음과 파괴의 숭배'에 초점을 맞추고 있다.

미국 - 나토의 대량살상무기(WMD)는 '평화의 도구'로 그려지고 있다. '소형 핵폭탄(mini-nuke)'은 '주변의 시민들에게는 무해하다'고 이야기된다. 또한 선제적 핵전쟁은 '인도주의적 과업'으로 그려진다.

핵전쟁은 수백 억 달러의 사업이며 그것은 미국 방위 계약자들의 호주머니를 채운다. 진실로 중요한 것은 노골적인 '핵전쟁의 사유화'이다.

미국의 핵독트린은 미국의 '테러와의 전쟁' 및 이른바 알카에다의 위협과 밀접하게 관련되어 있다. 이 알카에다는 임박한 '핵무장 세력(nuclear power)'으로 간주되고 있다.

오바마 행정부에서 이야기되는 바에 따르면, '이슬람 테러리스트들'은 미국의 도시들을 공격할 준비를 하고 있다. 핵 확산은 암묵적으로 '핵 테러리즘'과 동일시된다. 오바마의 핵독트린은 핵 테러리즘과 알카에다가 핵무기를 개발·사용하려는 계획을 가지고 있다는 혐의를 특별히 강조한다.

3장은 미국의 신성한 십자군과 '석유를 위한 전쟁'에 초점을 두고 있다. '전 지구적인 테러와의 전쟁(Global War on Terrorism: GWOT)'은 신형 무기시스템을 이용하여 테러리스트들을 추적할 것을 요구한다. 미국의 외교정책은 악에 맞서는 종교적이고 선제적인 십자군 전쟁을 옹호한다. 이는 군사행동의 진정한 목표를 흐리게 만든다. 미국인들의 내면적 의식에서 2001년 9월 11일의 공격은 '악당들'에 대한 전쟁과 정복 행위들을 정당화한다.

전 지구적인 테러와의 전쟁은 '문명의 충돌', 경쟁하는 가치와 종교들 사이의 전쟁으로 제시된다. 실제로는 그것이 전략적·경제적 목표들에 의해 지배되는 노골적인 정복전쟁인데도 말이다.

9·11 이면의 거짓말들은 알려지고 기록되어 있다. 악에 맞서는 이 십자군 전쟁에 대한 미국인들의 인정은 사실에 대한 합리적인 이해나 분석에 토대를 둔 것이 아니다.

'미국식 종교재판'은 워싱턴의 영향력 범위의 확대를 추구하고 있다. 군사적 개입은 이슬람 테러리스트들에 맞서는 국제적 운동의 일환으로 정당화된다. 언론 보도에서 결코 언급되지 않지만 그것의 궁극적인 의도는 영토적 정복과 전략적 자원들에 대한 통제이다. 역설적으로 전 지구적인 테러와의 전쟁하에서 이런 정복 계획들은 은밀하게 지원하는 이슬람 불법 무장단체들을 도구로 활용하고 있다. 그런 다음에 이들 무장단체들은 미국에 순응하지 않는 정부를 불안정하게 만들고 서구 기준의 '거버넌스'와 '민주주의'를 부과하는 데 이용된다.

제3차 세계대전 시나리오

제3차 세계대전 시나리오의 윤곽은 제4장에서 토의된다. 펜타곤의 전 지구적인 군사계획은 세계정복 계획이다.

미국 - 나토군의 군사적 배치는 세계 여러 지역에서 동시에 이루어지고 있다. 전 지구적인 수준의 군사화는 미군의 연합 사령부 구조로 편성된다. 즉 전 지구가 펜타곤의 통제하에 있는 지역 전투사령부로 나누어진다.[*]

전(前) 나토 사령관 웨슬리 클라크(Wesley Clark) 장군에 따르면 펜타곤의 군사적 로드맵은 연속되는 전구들로 구성된다. "5개년 작전 계획은 이라크부터 시작해서 시리아, 레바논, 리비아, 이란, 소말리아, 수단 등 총 7개 나라를 [포함한다]."

5장은 이란에 관련된 전쟁 준비에 초점을 두는데 여기에는 이란에 대한 선제적 핵공격의 개시가 포함되어 있다.

이란은 펜타곤의 계획에 남아 있지만 군사작전의 순서에 근본적 변화가 발생했다.

미국 - 나토 - 이스라엘 동맹은 이란이 상당한 대응 및 보복 능력을 갖고 있음을 인정한다. 북아프리카에서 미국 - 나토 주도의 전쟁을 개시하면서 워싱턴과 그 동맹국들은 군사적 능력이 적은 나라들에 대해 전쟁을 벌이는 쪽을 선택했다. 이러한 요소(상대의 군사적 능력)는 그 자체로 미국과 동맹국들이 '이란 작전'을 유보하고 리비아에서 '인도주의적 전쟁'을 개시하기로 결정하는 데 관건이었다.

어떻게 전쟁의 흐름을 뒤집을까

제6장은 이러한 끔찍한 군사의제에 맞서는 반전행동에 초점을 맞춘다.

전쟁을 이해하는 데 중심적인 것은 대중의 눈으로 볼 때 전쟁이 합법적인 것처럼 보이게 만드는 미디어 캠페인이다. 선과 악의 이분법이 판치고 있다. 전쟁을 준비하는 자들이 희생자로 제시된다.

---

* 각 지역 전투사령부의 명칭과 관할구역은 이 책 99쪽의 지도를 참조.

여론은 호도되어 있다. '우리는 서구적 생활양식을 보존하기 위한 수단으로서 모든 형태의 악에 맞서 싸워야 한다'는 것이다.

전쟁을 인도주의적 과업으로 옹호하는 '큰 거짓'을 깨뜨리는 것은, 이윤 추구가 최고의 동력인 전 지구적인 파괴의 범죄 프로젝트를 깨뜨리는 것이다. 이 이윤에 의해 추동된 군사의제는 인간의 가치를 파괴하고 사람들을 의식 없는 좀비로 바꾼다.

대중시위와 반전 항의를 개최하는 것만으로는 충분치 않다. 요구되는 것은 국경을 가로질러, 일국적으로 국제적으로, 권력과 권위 구조에 도전하는 광범위하고 잘 조직된 풀뿌리 반전 네트워크의 발전이다.

민중들은 군사의제에 맞서 함께 나서야 할 뿐 아니라 국가와 그 관료들의 권위에도 도전해야 한다.

이 전쟁은 민중들이 그들의 정부에 강력하게 대항하고, 선출된 대표들에 압력을 가하며, 읍면·마을·지방 수준에서 조직하고, 핵전쟁의 함의에 대해 말을 퍼뜨리고 주변 시민들에게 정보를 주며, 군대 내에서 논쟁과 토론을 불러일으킬 때 예방될 수 있다.

미국식 종교재판을 깨뜨려라.

미국 - 나토 - 이스라엘의 군사적 십자군을 잠식하라.

무기공장과 군사기지들을 폐쇄하라.

군대의 구성원들은 명령에 불복하고 범죄 전쟁에 참여하기를 거부해야 한다. 병사들은 집으로!

1 | 도입

인류의 역사 전체에 걸쳐 살인자들과 독재자들이 존재해왔다. 그리고 잠시 우세를 보이는 것 같지만 그들은 언제나 몰락했다.

－ 마하트마 간디

미국은 국제적 합법성과 체면에 대한 가식을 벗어던지고 미쳐 날뛰는 벌거벗은 제국주의의 길로 들어섰다.

－ 윌리엄 로클러, 뉘른베르크 재판* 검사

당신이 부조리한 것을 믿게 만들 수 있는 자들은 당신이 끔찍한 짓을 저지르게 할 수 있다.

－ 프랑소와 마리 아루에-볼테르**

　미국과 그의 나토 동맹국들은 이란과 북한 양국에 대해 가공스런 결과를 가져올 핵전쟁에 착수할 준비를 하고 있다. 이 군사적 모험은 진짜 말 뜻 그대로 인류의 미래를 위협한다. 우리는 이라크와

---

* 뉘른베르크 재판은 2차 세계대전 후인 1945년 독일 뉘른베르크에서 나치 독일의 전범들과 유대인 학살 관련자들에 대해 열린 연합국 측의 국제군사재판이다.
** 프랑스의 계몽주의 작가 볼테르(François-Marie Aroue, 1694~1778)의 본명.

아프가니스탄을 포함한 오늘날의 전쟁에서 생명의 손실과 파괴에 대해 개념적으로 설명할 수 있다. 그러나 '새로운 기술'과 신형 무기를 이용한 제3차 세계대전으로 초래될 재앙에 대해서는 그것이 일어나서 현실이 되기까지는 누구도 온전히 알 수 없을 것이다. 국제사회는 세계평화의 이름으로 핵전쟁을 승인하고 있다. '세계를 더 안전하게' 만든다는 것이 잠재적으로 핵 홀로코스트를 초래할 군사작전에 착수하는 것을 정당화하고 있다.

그러나 핵 홀로코스트는 1면 뉴스거리가 아니다! 모르데차이 바누누*는 다음과 같이 말한 바 있다.

> 이스라엘 정부는 이슬람 세계와의 다음 전쟁에서 핵무기를 사용할 준비를 하고 있다. 내가 살고 있는 바로 이곳에서 사람들은 종종 홀로코스트를 이야기한다. 그러나 각각의 모든 핵무기는 그 자체가 홀로코스트이다. 그것은 사람을 죽이고 도시들을 황폐화시키고 민족들 전체를 파괴할 수 있다.[1]

현실은 전도되어 있다. 왜곡된 논리에 의해, 전술 핵무기를 사용하는 '인도주의적 전쟁' — '전문가의 과학적 견해'에 따르면 '주위 민간인들에게 해를 끼치지 않는' — 은 서구를 핵공격으로부터 보호하

---

* 모르데차이 바누누는 전직 이스라엘 핵무기 기술자로, 1986년 영국 ≪선데이 타임스(The Sunday Times)≫에 이스라엘의 비밀 핵무기 개발을 폭로했다. 이 폭로 이후 그는 정보기관 모사드에 납치되어 2004년까지 18년을 복역했으며 2007년과 2010년에도 가석방 조건을 어겼다는 이유로 각각 6개월 및 3개월 동안 재수감되기도 했다.

1) Interview with Mordechai Vanunu, Global Research, December 2005 참조.

는 수단으로 옹호되고 있다.

살인과 파괴의 숭배자들

전 지구적인 살인기계는 (네트워크 텔레비전 주요 시간대의 전쟁과 범죄 시리즈는 물론이고 할리우드 영화에 배어 있는) 뿌리 깊은 살인과 파괴의 숭배에 의해서도 지탱되고 있다. 이 살인 숭배는 전쟁선동의 수단으로서 할리우드 제작사들에게 돈을 대는 미 중앙정보국 (Central Intelligence Agency: CIA)과 펜타곤에 의해 뒷받침되고 있다.

중앙정보국 첩자 출신의 밥 배어(Bob Baer)는 우리에게 '중앙정보국 과 할리우드는 공생관계에 있다'면서 지금 전 중앙정보국 국장인 조지 테넷(George Tenet)이 '할리우드에서 영화사들과 이야기를 나누고 있 다'고 폭로했다.[2]

살인기계는 통합된 명령구조의 틀 안에서 전 지구적인 수준으로 배치되어 있다. 그것은 일상적으로 정부 기구들, 기업 미디어, 고위 관료들, 그리고 워싱턴에 있는 신세계 질서 싱크탱크들과 전략 연구소들의 지식인들에 의해 의문의 여지없는 평화와 지구적 번영의 도구로 옹호되고 있다.

살인과 폭력의 숭배는 사람들의 의식 속에 뿌리내려지고 있다.

2) Mattew Alford and Robbie Graham, "Lights, Camera, Covert Action: The Deep Politics of Hollywood," Global Research, January 31, 2009, http://www.globalresear ch.ca/index.php?context=va&aid=11921.

전쟁은 사회적 과정의 일환으로 광범위하게 수용된다. 국토는 '방어'되고 보호되어야 한다는 것이다. '테러리스트들'에 맞서는 '합법화된 폭력'과 초사법적 살인은 서구 민주주의 국가들에서 국가안보를 위한 필수적인 도구로 옹호되고 있다. 인도주의적 전쟁은 이른바 국제사회에 의해 옹호되고 있다. 그것은 범죄행위로 비난받지 않는다. 그것의 주요한 설계자들은 세계평화에 기여했다고 보상을 받는다.

미국의 소형 핵폭탄

이란과 관련해서 보면, 전 지구적인 안보라는 환상적 관념을 앞세워 전쟁을 노골적으로 합법화하는 상황이 벌어지고 있다. 현존하지도 않는 이란의 핵무기들은 전 지구적인 안보에 대한 논란의 여지없는 위협으로 낙인찍히는 반면, 히로시마 원폭의 6배에 달하는 파괴력을 가진 미국의 소형 핵폭탄들은 인도주의적 폭탄으로 옹호된다.

미국 주도의 핵무기가 세계적인 기구들과 유엔을 포함한 최고 권위에 의해 평화의 도구로 용납되고 수용될 때 돌이킬 길은 없다. 인류사회는 지울 수 없는 자기파괴의 길로 곤두박질치게 되는 것이다.

우리는 위험한 갈림길에 서 있다. 핵무기의 사용을 통제하는 규칙과 지침들은 '자유화'되어(예컨대 냉전시기에 지배하던 규칙 및 지침들과 관련해 '탈규제화'되어) 왔기 때문이다. 새로운 독트린에 따르면 핵무기의 사용에 관한 명령, 통제와 조정(CCC)은 지역 전투사령

관들이 어떤 조건에서 언
제 핵무기를 사용할지 결
정하는 것을 허용할 만큼
'유연화'되어야 한다.

지역별 전투사령관들은 핵무기와 관련해서 결정을 집행할 뿐 아니라
그 결정을 내릴 수 있는 권한을 가지고 전구 핵작전(TNO)에 대한 책임
을 떠맡게 될 것이다.[3]

우리는 역사 이래 지극히 중대한 전환점에 도달했다. 전 세계의
인민들이, 민족적으로 국제적으로, 현 정세의 중대성을 이해하고
그들의 정부에 맞서 이 전쟁의 흐름을 뒤집도록 강력하게 행동하
는 것이 절대적으로 중요하다.

이란과 북한에 대한 지속적인 전쟁 준비의 상세한 내용들은 대
중의 눈에는 가려져 왔고, 미디어들은 이 은폐행위에 관여하고 있
다. 핵전쟁의 파괴적 영향들은 사소한 것으로 취급되거나 아예 언
급되지 않는다. 대신 거짓 '위기들' ― 예컨대 세계적인 신종독감 전
염, 이슬람 테러리스트들의 핵공격 ― 이 미디어, 정부, 정보기관, 워싱
턴 싱크탱크들에 의해 조작되고 있다. 핵전쟁의 실제적 위험이 거
의 인정되지 않는 반면, 이러한 거짓 위기들은 부동의 1면 뉴스들
이다.

3) Joint Chiefs of Staff, "Doctrine for Joint Nuclear Operations," Joint Publication
   3-12, Washington DC, March 2005, http://zfacts.com/metaPage/lib/zFacts_2005_03
   _15_Joint_Nuclear_Operations.pdf.

제3차 세계대전은 더 이상 가설적인 시나리오가 아니다. 이미 2007년에 부시 대통령은 만약 이란이 미국의 요구에 따르지 않는다면, 미국 - 나토군은 '어쩔 수 없이' 제3차 세계대전 상황에 들어갈 수밖에 없다고 분명하게 시사했다.

> 우리 앞에는 이스라엘을 파괴하고 싶다고 선언한 이란 지도자가 있다. 하여 우리는 만약 당신이 제3차 세계대전을 피하는 데 관심이 있다면 그들이 핵무기 제조에 필요한 지식을 확보하지 못하게 하는 데 관심을 가져야 할 것이라고 말했다. 나는 핵무기를 보유한 이란의 위협을 매우 심각하게 받아들이고 있다.
> ―조지 W. 부시, ≪허핑턴포스트(Huffington Post)≫, 2007년 10월 17일

전쟁과 경제위기

이란에 대한 미국 - 나토 - 이스라엘 공격의 좀 더 광범위한 함축들은 지대하다. 전쟁과 경제위기는 긴밀하게 관련되어 있다. 전쟁경제는 월스트리트에 의해 자금이 조달되며, 월스트리트는 미국 정부의 채권자이다. 미국의 무기생산자들은 신형 무기체계를 갖추기 위한 미 국방부의 수백억 달러 조달계약의 수혜자들이다. 한편, 중동과 중앙아시아에서 석유를 위한 전쟁은 거대 영·미계 석유기업들의 이익에 직접적으로 복무한다.

미국과 그 동맹국들은 세계 역사상 가장 심각한 환경적 재앙은 말할 것도 없고 세계적인 경제 불황의 정점에서 전쟁의 북을 치고 있다. 노골적으로 말하자면, 중동과 중앙아시아의 지정학적 장기

판에서 주요 행위자들 중 하나인 브리티시 석유(BP) — 이전에 앵글로-페르시안 석유회사로 알려져 있는— 는 멕시코 만에서 생태적 재앙을 유발한 장본인이다.

진짜 대 가짜 위기들

완전히 왜곡된 논리에 따라 제3차 세계대전은 세계평화를 지키기 위한 수단으로 제시되고 있다.

이란은 '국제사회'의 '합리적인 요구'에 따르는 것을 거부한다고 비난받고 있다. 현실은 왜곡되고 전도되어 이란이 제3차 세계대전에 돌입하기 원한다고 비난받고 있다. 미국의 군사 독트린에 내재되어 있듯이 전쟁의 희생자들이 흔히 공격자로 선전된다.

제3차 세계대전은 전 지구적인 안보에 기여하는 선의의 인도주의적 임무로 옹호된다. 정말 역설적이게도 핵무기 사용에 대해서 결정하는 사람들은 자신들의 선동을 믿는다. 대통령이자 최고 사령관인 버락 오바마는 그 자신의 거짓말을 믿는다.

전쟁도 세계적인 경제 불황도 세계사에서 유례없는 위기의 일환으로 이해되지 않는다. 역설적으로 전면적 핵전쟁이 초래할 인류에 대한 위험은 공포와 대중적 걱정거리로 주입되지 않는다.

근본적인 사회적·정치적 사건들에 대한 이해는 그 속에 악당들이 도사리고 있는 순전한 공상의 세계로 대체되고 있다. 거짓 위기들의 목적은 진짜 위기를 모호하게 만드는 것과 더불어 사람들 속에 공포와 불안감을 주입하는 것이다.

현실 정치의 목적 전부는 모두가 상상적인, 끝없는 도깨비 시리즈들을 가지고 …… 국민들을 계속 경계상태에 두는 것이다……. 인간을 구하자는 설득은 언제나 인간을 지배하려는 설득의 위장된 얼굴일 뿐이다.[4]

4) Henri Louis Mencken, *In the Defense of Women*, Dover Publications, 1918.

2 | 핵전쟁의 위협들

우리는 세계 역사상 가장 끔찍한 폭탄을 발견했다. 그것은 노아와 그의 방주 이후 유프라테스 계곡 시대에 유언된 불의 파괴일지도 모른다 ……. 이 무기는 일본에 대하여 사용될 예정이다 ……. [우리는] 그것을 군사적 표적들과 군인들에게 겨누어지되 여성과 어린이들에게는 겨누어지지 않도록 사용할 것이다. 비록 일본인들이 야만적이고, 무자비하고, 인정사정없고, 광신도적이라 할지라도, 우리는 공동의 안녕을 위한 세계의 지도자로서 이 끔찍한 폭탄을 옛 수도나 새 수도에 떨어뜨릴 수는 없다 ……. 표적은 순수하게 군사적인 곳이 될 것이다 ……. 그것은 지금까지 보아온 가장 끔찍한 일이 될 것 같지만 그러나 가장 유용한 것으로 될 수 있다.

 - 해리 S. 트루먼 대통령, 1945년 7월 25일의 일기

세계는 최초의 원자폭탄이 군사기지인 히로시마에 투하되었다는 것을 알게 될 것이다. 그것은 우리가 이 첫 공격에서 가능한 한 시민들에 대한 살상을 피하고 싶었기 때문이었다 …….

 - 해리 S. 트루먼 대통령, 1945년 8월 9일, 대국민 라디오 연설

※ 최초의 원자폭탄은 1945년 8월 6일 히로시마에 투하되었고 두 번째는 1945년 8월 9일, 트루먼의 대국민 라디오 연설이 있던 그날, 나가사키에 투하되었다.

바보와 광인이 아니라면, 핵전쟁이 유례없는 재앙이 될 것임은 누구나 알고 있습니다. 다소간 전형적인 전략 (핵)탄두는 TNT 2백만 톤에 해당하는 2메가톤의 폭발력을 가지고 있습니다.

꽤 큰 도시에 2메가톤이 폭발한다면, 건물들은 증발될 것이고, 사람들은 원자와 그림자로 돌아갈 것이며, 멀리 떨어진 구조물들은 성냥갑처럼 날려가고 맹렬한 불길이 타오를 것입니다. 그리고 만약 폭탄이 대지에서 폭발한다면, 한때 도심이었던 곳에 달에서 망원경으로 볼 수 있는 엄청난 분화구만이 남을 것입니다.

- 칼 사간, 『핵겨울』(1983), 14쪽

어느 나라든지 지금 핵 옵션을 고려한다면 그 결정을 채택함으로써 자기 나라 국민뿐 아니라 세계 전체를 위험에 빠뜨릴 것임을 인정해야 합니다. 20세기 중반 이래 처음으로, 지금은 세계가 핵전쟁의 위험에 대해 다시 숙고해야 할 때이며, 평화를 위한 길을 따르고 핵에너지가 야기할 전 지구적인 환경 재앙(핵겨울)의 가능성을 제거해야 할 때입니다 …….

적에 대한 전면 공격의 경우에 핵무기의 사용은, 그 폭탄으로 인한 화재의 연기로 야기될 이례적인 추위와 어둠 때문에, 자살적인 행위가 될 것입니다. 사실, 어떤 나라가 더 많은 핵무기를 가질수록 그 나라는 덜 안전해졌다는 게 입증되어왔습니다.

- 앨런 락 박사, 2010년 9월

오늘날 그런 종류의 무기를 사용하는 전쟁의 위험이 임박해 있습니다. 나는 미국과 이스라엘의 이란 이슬람 공화국에 대한 공격은 불가피하게 전 지구적인 핵 충돌로 이어질 것임을 조금도 의심하지 않습니다.

앨버트 아인슈타인 자신이 오해의 여지없이 말했습니다. "나는 제3차 세계대전에서 어떤 무기를 가지고 싸울지 알지 못한다. 그러나 제4차 세계대전은 막대기와 돌을 들고 싸우게 될 것이다." 우리는 그가 전하고 싶었던 것을 충분히 알고 있으며 그는 절대적으로 옳지만 전 지구적인 핵전쟁이 일어날 경우 그런 막대기나 돌을 사용할 사람은 남아 있지 않을 것입니다.

죄 없는 인민들의 죽음을 정당화하기 위해 미국의 정치·군사 지도자들이 늘상 확인하듯이 '부수적인 피해'가 있을 것입니다.

핵전쟁에서 이 '부수적인 피해'는 전 인류의 생명이 될 것입니다.

우리 모두 다음과 같이 선언할 용기를 가집시다. 모든 핵무기와 재래식 무기들, 전쟁을 일으키는 데 이용되는 모든 것들이여 사라져라!

– 피델 카스트로, 2010년 10월 15일

1945년 8월 6일 히로시마에 최초로 원자폭탄이 투하된 이래 인류는 이 상상할 수 없는 일 ― 잠재적으로 중동 대부분에 방사능 낙진이 퍼질 수 있는 핵 홀로코스트 ― 에 가까이 이른 적이 없었다.

핵폭탄을 '최후의 무기'로 분류했던 냉전 시대의 모든 안전장치들이 폐기되었다. 핵탄두를 이용하는 '공격적인' 군사 행동들이 이제는 '자기방어' 행위로 묘사되고 있다.

[냉전 시대의] 초강대국들이 핵무기를 대량으로 사용할 경우 생기는 폭발, 방사능, 화염에 의한 살상은 너무나 파멸적일 것이어서 핵무기 발명 이래 지난 40년 동안 우리는 그러한 비극을 피했던 것이다.[1]

1) A. Robock, L. Oman, G. L. Stenchikov, O. B. Toon, C. Bardeen, and R. P. Turco, "Climatic consequences of regional nuclear conflicts," *Atmospheric Chemistry and Physics*, 7, 2003-2012, 2007,http://climate.envsci.rutgers.edu/pdf/acp-7-2003-2007. pdf.

좌: 히로시마 1945. 출처: 국가안보 아카이브.
우: 히로시마: 핵폭탄의 여파.

좌: 히로시마에 투하된 리틀보이형. 우라늄 권총형 원자폭탄. 지름 28인치, 길이 120인치. 무게는 9,000파운드이며 약 1만 5,000톤의 고폭발력을 가지고 있다.
우: 나가사키에 투하된 팻맨(뚱보)형. 플루토늄 내파형 원자폭탄. 지름 60인치, 길이 128인치, 무게는 1만 파운드이고 약 2만 1,000톤의 고폭발력을 가지고 있다.
출처: 미국 국가 아카이브, RG 77-AEC.

　　냉전기 동안에는 상호확증파괴(Mutually Assured Destruction: MAD)의 독트린*이 지배적이었다. 즉, 소련에 대한 핵무기의 사용은 '공격자와 방어자 모두의 파괴'를 초래한다는 것이다. 탈냉전 시대에 미국의 핵독트린은 재(再)정의되었다. 핵무기의 위험들은 모호하게 만들어졌다. 전술 (핵)무기들은 그 충격의 견지에서 냉전기의 전

----

* 1960년대 이후 미국·소련이 구사했던 핵전략으로 상호필멸전략이라고도 한다. 미소 핵 억제전략의 중추개념으로, 1950년대 말 미국의 아이젠하워 대통령에 의해 처음으로 채택되었다. 미국이 봉쇄전략과 대량보복전략에 이어 채택한 전략 개념으로, 상대방이 공격을 해오면 공격 미사일 등이 도달하기 전 또는 도달 후 남아 있는 보복력을 이용해 상대방도 절멸시키는 전략을 말한다.

략 수소폭탄과 구별되는 것으로서 옹호되어왔다. 이 두 범주의 핵무기들을 구별하는 것은 단지 다음의 2가지이다.

① 그들의 운반 시스템
② 그들의 폭발력(TNT의 양, 킬로톤 또는 메가톤으로 측정되는)

전술 핵무기 또는 저폭발력 소형 핵폭탄은 벙커 파괴탄과 같은 방식으로 운반되는 소형 핵폭탄으로 묘사된다. 전구 내 운반 시스템의 관점에서 전술 핵무기들은 1945년 8월 히로시마와 나가사키에 투하된 원자폭탄들에 비견된다.

「펜타곤 2001년 핵태세검토보고서(The Pentagon's 2001 Nuclear Posture Review: NPR)」에서는 단지 악의 축 국가들(이란과 북한을 포함한)뿐만 아니라 러시아와 중국에 대해서도 핵무기의 공격적인 '선제타격 사용'을 위한 이른바 '비상계획'을 내다보고 있다.[2]

2002년 말 미국 의회에 의한 NPR의 채택은 군사계획과 방위 조달 및 생산의 측면에서 펜타곤의 선제 핵전쟁 독트린을 수행할 수 있는 '청신호(허가증)'를 제공했다. 의회는 저폭발력 핵무기에 대한 금지를 철회했을 뿐 아니라 '이른바 소형 핵폭탄에 관련된 작업을 추진할' 자금을 제공했다. 그 자금은 벙커 파괴(지표관통) 핵폭탄과 새로운 핵무기 개발에 배정되었다.[3]

....

2) US Department of Defense, *Nuclear Posture Review*, Washington DC. 2011년 12월 31일 미 의회에 제출됨.

3) *Defense Daily,* November 12, 2002.

2003년 히로시마 데이: 미 전략사령부에서의 비밀회동

2003년 8월 6일, 최초의 원자폭탄이 히로시마에 투하된 날(1945년 8월 6일)을 기념하는 히로시마 데이에, 네브래스카 주(州) 오풋 공군기지의 미 전략사령부(United States Strategic Command: USSTRATCOM)에서는 문을 걸어 잠근 채 비밀회동이 개최되었다. 여기에는 핵산업과 군산복합체에서 온 고위 임원들이 참가했다. 이 방산(防産)업자들과 과학자들, 정책결정자들의 회동은 히로시마를 기념하기 위한 것이 아니었다. 이 모임은 21세기의 '전구 규모 핵전쟁들'에서 사용될 '더 작고', '더 안전하고', '더 사용가능한' 신세대 핵무기 개발의 토대를 마련하기 위한 것이었다.

매우 역설적이게도, 의회 구성원을 배제한 이 비밀회동의 참석자들은 히로시마 폭격 기념일에 도착해서 나가사키 공격 기념일에 떠났다.

> 150명 이상의 군납업자들, 무기시험실 과학자들, 그 외 정부 관료들이 '전면적인 핵전쟁'의 가능성을 모의하고 계획하기 위해 네브래스카 주 오마하에 있는 미 전략사령부에 모였다. 그들은 새로운 세대의 핵무기들 — 더 '이용가능한' 이른바 소형 핵폭탄과 원자탄두를 장착한 지표 관통 벙커 파괴탄 — 의 생산을 요구했다.[4]

누설된 의제 초안에 따르면 그 비밀회동은 소형 핵폭탄과 '불량국

---

4) Alice Slater, "Bush Nuclear Policy a Recipe for National Insecurity," Global Research, August 14, 2003, http://globalresearch.ca/articles/SLA308A.html.

가들에 대해 사용가능한' 핵탄두를 장착한 벙커 파괴탄에 대한 토론을 포함하고 있었다.

> 우리는 우리의 핵전략을 냉전 시대의 것으로부터 새로이 등장하는 위험들을 다룰 수 있는 것으로 바꿀 필요가 있다 ……. 이 모임은 어떻게 핵 비축의 효능을 보장할지를 고려할 것이다.[5]

핵무기의 사유화: 미국 군납업자들이 초석을 마련하다

9·11 이후 핵무기 독트린은 미국의 주요 방위 계약자들이 직접적으로 의사결정과정에 관여하고 있는 가운데 형성되고 있다. 2003년 히로시마 기념일 회동은 '핵전쟁 사유화'를 위한 토대를 마련했다. 기업들은 핵무기 생산으로부터 수십(백)억 달러의 이윤을 거두어들일 뿐만 아니라, 핵무기의 이용과 배치에 관한 의제를 설정하는 데서 직접적인 발언권을 가지고 있다. 핵장치들과 미사일 운반체계 등의 생산을 포함하는 핵무기 산업은 록히드 마틴, 제너럴 다이내믹스, 노스롭 그런맨, 레이디언, 보잉 등이 주도하는 한줌의 방산업체들에 의해 통제되고 있다. 역사적인 2003년 8월 6일 회동이 있기 불과 1주일 전에 국가핵안보청(National Nuclear Security Administration: NNSA)이 새로운 핵장치의 시험, 그리고(또는) 사용을 포함한 미국 핵 병참에 대한 '독립적인 감독'을 제공하던 자문위원

----

5) 국방부 대표자 마이클 셰이버스(Michael Shavers)의 말을 인용하여 Julian Borger, "'Dr Strangeloves' meet to plan new nuclear era," *The Guardian*, August 7, 2003, http://www.guardian.co.uk/world/2003/aug/07/usa.julianborger.

회를 해체시켰다는 사실을 주목할 필요가 있다.[6]

한편, 펜타곤은 '미국 국토 방어'를 위한 핵무기의 이용을 옹호하기 위해 대규모 선동과 대국민 선전전을 전개했다. 아주 왜곡된 논리에 의해 핵무기는 평화를 구축하고 '부수적인 피해'를 예방하는 수단으로 제시되었다. 이러한 견지에서 펜타곤은 (5,000톤 미만의 폭발력을 가진) 소형 핵폭탄들은 지하에서 폭발이 일어나기 때문에 시민들에게는 무해하다고 공표했다. 그럼에도 이 소형 핵폭탄들 각각은 그 폭발력과 방사능 낙진의 면에서 1945년 히로시마에 투하된 원자폭탄의 1/3 내지 6배 사이에 있다.

2003년 말 미국 의회에서 공식적으로 승인된 소형 핵폭탄들은 '시민들에게는 안전한' 것으로 간주된다. 이 가정이 군사계획에 자리 잡게 되면, 그것은 더 이상 비판적 논쟁의 대상이 되지 않는 하나의 컨센서스가 된다. 이들 핵무기 사용에 관련된 결정들은 그것들이 '시민들에게 위험하지 않다'는 이러한 컨세서스의 기저에 있는 선험적인 '과학적 평가'에 토대를 두게 될 것이다. 이러한 전제에 근거하여, 미국 의회는 2003년 펜타곤과 군산복합체들에게 전술 핵무기들을 '재래식 전구들(예컨대 중동과 중앙아시아)'에서 재래식 무기와 함께 사용할 수 있는 청신호를 부여했다. 2003년 12월, 미국 의회는 이 신세대 '방어적' 핵무기들을 개발하는 데에만 630억 달러를 배정했다.

6) *The Guardian*, July 31, 2003.

비전 2030: '첨단 핵무기' 생산을 촉진한다

2005년, 방위산업 대표들이 통합된 에너지 태스크포스국은 미국의 미래 핵무기 병참에 대한 2030 비전의 하나로 '미래의 핵무기 복합체'에 대한 조사에 착수했다.[7] 초점은 냉전기 병참의 폐기가 아니라 핵무기 생산의 확대에 관한 것이었다. 이 태스크포스는 '믿을 만한 대체 핵탄두(RRW)의 즉각적인 디자인'으로 묘사된 과정을 통해 핵무기 생산을 증강하라고 권고했다.[8]

목표는 현존하는 핵 비축고의 현대화를 통해, 즉 냉전기 비축된 핵무기들을 개조함으로써 '미래의 지속가능한 비축고'를 개발하는 것이다. 낡은 핵탄두들이 폐기되기보다는 냉전기 핵 병참이 현대화될 계획이다. 즉, 핵물질들이 현대화된 핵무기 시스템의 생산에 이용될 것이다. 이 과정에서 추정컨대 핵탄두의 숫자는 5,000개 이상 감축될 것인데 단기간 하한선으로 1,700개의 '작전에 배치되는 전략 핵무기(ODSNW)'가 남겨진다.[9]

이 태스크포스는 "최첨단 보증 조건을 포괄하되 군사적 필요에 부응할 여지가 더 많게 디자인된, 새로운 핵무기 군(群)을 개발할 것을 권고했다 ……. 이 핵무기 군은 현재의 냉전기 비축고를 대체할 미래의 지속가능한 비축고의 토대를 형성할 것이다".[10] 태스크포스는 나아가 "통합핵무기생산센터(CNPC)의 창설, 즉 21세기 최첨단 핵무기 부품의 생산, 제조, 조립 기술을 갖춘 현대적 생산시설을 한 곳에 건설할 것을 권고했다 ……. 통합핵무기생산센터가 가동되면 이것이 모든 믿을 만한 대체 핵탄두를 생산하고 해체할 것이다".[11]

장기적 목표는 '민첩하고 반응적인 2030 핵무기 복합체'를 만들어 내는 것이다.

9·11 군사 독트린: 핵무기와 전 지구적인 테러와의 전쟁

선제적 군사행동을 정당화하기 위해 국가안보 독트린은 테러위협의 가공, 즉 '외부의 적'을 필요로 한다. 또한 이러한 테러위협을 이른바 '불량국가들'에 의한 '국가적 후원'에 연결시킬 필요가 있다. 「2002 국가안보전략(NSS)」에 기술된바, 선제적 방어전쟁 독트린과 알카에다에 맞서는 전 지구적인 테러와의 전쟁은 펜타곤 선전전의 필수불가결한 주춧돌을 이룬다.

2001년 9월 11일 이후 미국의 핵독트린은 테러와의 전쟁에 통합되었다. 그 목표는 두 범주의 적들, 즉 대량살상무기를 보유하고 있다고 이야기되는 불량국가들과 이슬람 테러리스트들에 대한 '선제적 군사행동' ─ 자기방어 행위로서의 전쟁을 의미하는 ─ 을 제시하는 것이었다.

7) Secretary of Energy Advisory Board, "Recommendations for the Nuclear Weapons Complex of the Future," *Report of the Nuclear Weapons complex Infrastructure Task Force*, U.S. Department of Energy: Washington DC, July 13, 2005, http://www.globalsecurity. org/wmd/library/report/2005/nwcitf-rept_13jul2005.pdf.

8) 같은 글.

9) 같은 글.

10) 같은 글.

11) 같은 글.

전 지구적인 범위에서 테러리스트들과의 전쟁은 얼마나 지속될지 알 수 없는 전 지구적인 사업이다……. 미국은 테러리스트들이 완전히 꼴을 갖추기 전에 이들 떠오르는 위협들에 맞서 행동할 것이다…….

불량국가들과 테러리스트들은 재래식 무기를 사용하여 우리를 공격하려 하지 않는다. 그들은 그러한 공격이 실패할 것을 알고 있다. 대신에 그들은 테러행위와 잠재적으로 대량살상무기의 사용에 의존한다.

이러한 공격들은 전쟁법의 주요 규범 중의 하나를 직접적으로 위반하면서, 우리의 군대와 일반 국민들을 겨냥하고 있다. 2001년 9월 11일의 희생에서 드러났듯이, 시민에 대한 대량 살상이 테러리스트들의 특정한 목적이며 이러한 희생은 만약 테러리스트들이 대량살상무기를 확보하고 사용할 경우 기하급수적으로 심각해질 것이다.

미국은 오랫동안 우리의 국가안보에 대한 상당한 위협에 대응하기 위해 선제적 행동의 옵션을 유지해왔다. 위협이 더 커질수록, 무대응의 위험은 더 커진다. 그리고 우리 자신을 지키기 위해 예상에 따른 선행 행동을 취할 당위성은 더 절실해진다. 우리의 적들에 의한 그러한 적대적 행위들을 미연에 예방하기 위해 미국은 필요하다면 선제적으로 행동한다.[12]

국가안보전략에 따른 이 '예상에 따른 선행 행동'에는 이제 재

---

12) "National Security Strategy," The White House: Washington DC, 2002, http://www.whitehouse.gov/nsc/nss.html.

래식 무기들과 함께 전구 무기로 분류된 전술 핵무기의 사용이 포함된다. 핵무기들은 이른바 불량국가들과 알카에다를 위시한 테러조직들에 대해 사용되어 방어적인 기능을 수행하는 것으로 제시된다.

수정된 공동 핵작전 독트린(2005년 3월)은 '핵무기의 사용이 요구될 수 있는' 5가지 시나리오를 내다보고 있다.

① 미국, 다국적군 및 동맹군, 또는 일반 시민들에 대해 대량살상무기를 사용하려고 하는 적들에 대응하기 위해
② 핵무기의 효과에 의해서만 안전하게 파괴할 수 있는 적의 생물학무기들로부터의 임박한 공격에 대응하기 위해
③ 대량살상무기, 화학적 생물학적 무기를 보관하고 있는 깊고 튼튼한 벙커, 또는 미국과 우방국 및 동맹국들에 대한 대량살상무기 공격을 집행하는 데 필요한 명령 및 통제 기반 등의 적대적 시설을 공격하기 위해
④ 잠재적으로 압도적인 적의 재래식 군대에 대응하기 위해
⑤ 적의 대량살상무기 사용을 막기 위해 미국이 핵무기를 사용할 의사와 능력이 있음을 보여주기 위해[13]

알카에다: '다가오는 핵파워'

2001년 9월 11일의 테러공격은 특히 미국에서 여론이 선제적 공

---

13) Hans M. Kristensen, "The Nuclear Posture of the United States," Federation of American Scientists, 2008, p. 60, http://www.fas.org/programs/ssp/nukes/publications1/Article_NUPI2008.pdf.

격 독트린을 지지하도록 하는 충격요법으로 작용했다. 중앙정보국과 펜타곤으로부터 나오는 9·11 이후 선동술책은 알카에다가 핵장치를 개발할 능력이 있음을 보여주는 데 있다. (네브래스카에서 열린 2003년 8월 히로시마 기념일 회동 두 달 전에 발간된) 중앙정보국의 정보이사회 보고서에 따르면 알카에다는 '즉석 핵장치(Improvised Nuclear Device: IND)'를 개발할 능력이 있다.

알카에다와 그에 연계된 극단주의 그룹은 화학, 생물학, 방사선 또는 핵(CBRN) 공격을 선택할 수 있는 잠재적 물질과 운반수단들을 가지고 있다.

알카에다의 최종 목적은 CBRN을 사용하여 대량살상을 일으키는 것이다 …….
오사마 빈 라덴의 첩보원들은 미국의 핵산업 시설에 대한 재래식 공격을 통해 오염, 혼란과 테러를 일으키려고 시도할지도 모른다. 아프가니스탄에 있는 알카에다 시설에서 발견된 문서는 조야한 핵장치에 대한 스케치를 포함하고 있었다 …….

즉석 핵장치는 …… 파괴력 있는 폭발을 일으킬 것을 의도하고 있다. 즉석 핵장치는 전용된 핵무기 부품들, 개조된 핵무기, 또는 자생적으로 디자인된 장치로 구성될 수 있다.

즉석 핵장치는 내파와 권총 조립식의 두 유형으로 범주화될 수 있다. 즉석 핵장치는 핵 폭발력을 산출하기 위한 핵분열 물질 — 고농축 우라

늄 또는 플루토늄 ― 을 필요로 한다.[14]

2006년 미 상원 예산위원회의 증언에서 국무장관 콘돌리자 라이스(Condoleezza Rice)는 이란과 시리아에 대해 중동을 불안정하게 만들고 호전적인 이슬람 그룹을 지원한다고 비난했다. 그녀는 알카에다가 1980년대 초반 이래 다른 누가 아닌 바로 중앙정보국으로부터 지원과 자금을 받아왔다는 사실을 무시하고, 이란을 '테러리즘을 위한 중앙은행'으로 묘사했다.[15]

그것은 단지 이란의 핵 프로그램이 아니라 전 세계의 테러리즘에 대한 그들의 지원이다. 그들은 사실상 테러리즘의 중앙은행이다.[16]

오바마의 핵독트린: 「2010 핵태세검토보고서」

오바마 행정부 아래서, 테러리스트들은 이란 이슬람 공화국과 한통속으로 움직이고 있다고 이야기된다. 핵 확산은 암묵적으로 핵 테러리즘과 동일시된다. 「2010 핵태세검토보고서」는 핵 테러리즘과 알카에다가 핵무기를 개발·사용하려는 계획을 가지고 있다는

---

14) CIA Intelligence Directorate, "Terrorist CBRN: Materials and Effects," Central Intelligence Agency, June 2003, https://www.cia.gov/library/reports/general-reports-1/terrorist_cbrn/terrorist_CBRN.htm. 또한 *Washington Times*, June 3, 2003.

15) Michel Chossudovsky, "Who is Osama bin Laden?" Global Research, September 12, 2001, http://www.globalresearch.ca/index.php?context=viewArticle&code=20010912&articleId=368.

16) Condoleezza Rice, Statement to the Senate Budget Committee, February 16, 2006.

협의를 특별히 강조한다.[17]

　전 지구적인 핵전쟁의 위험은 멀어졌지만 핵공격의 위험은 증가되어
왔다. 오바마 대통령이 분명히 했듯이, 오늘날 가장 즉각적이고 극단적
인 위험은 핵 테러리즘이다. 알카에다와 그들의 극단주의 동맹들은 핵무
기를 추구하고 있다. 우리는 그들이 그러한 무기들을 확보하기만 하면 그
것들을 사용할 것이라고 가정하지 않으면 안 된다.

　세계 어디서든 그러한 핵물질을 상당량 훔치거나 장악할 수 있는 취
약성과 핵 암시장에서 민감한 장비와 기술을 구입할 수 있는 가능성은
테러리스트들이 그들이 핵무기를 제조하는 데 필요한 것들을 획득할
수 있다는 심각한 위험을 야기한다. 오늘날 다른 긴급한 위협은 핵 확
산이다. 특히 미국과 그 동맹국 및 협력국, 넓게는 국제사회와 대립하
고 있는 국가들이 추가로 핵무기를 획득할 수도 있다. 북한과 이란은
핵 야망을 추구하기 위해 비확산 의무들을 위반하고, 유엔 안보리의 지
침을 거부하며, 미사일 운반 능력을 추구해왔고, 그들이 야기한 위기들
을 외교적 수단을 통해 해결하려는 국제사회의 노력에 저항해왔다. 그
들의 도발적인 행태는 해당 지역에서 불안정을 증대시켰으며 이웃 나
라들에게 그들 자신의 핵억지력 옵션을 고려하도록 압박할 수 있다. 이
들 및 다른 나라들이 계속해서 비확산 규범에 따르지 않는 것은 핵확산
금지조약(NPT)*을 심각하게 약화시킬 것이고 그로 인해 미국과 국제

---

17) US Department of Defense, "The 2010 Nuclear Posture Review," Washington
　　DC, April 2010, http://www.defense.gov/npr/docs/2010%20Nuclear%20Posture
　　%20Review%20Report.pdf.
* 이 조약은 미국과 소련의 주도로 성립되었고, 중국, 영국, 프랑스를 포함한 5

사회에 부정적인 안보적 영향을 가져올 것이다.[18]

핵 비확산의 명분 아래 미국 행정부가 추구하는 목표는 전 세계적으로 핵물질의 재고와 생산에 대한 독점권을 확보하는 것이다. 후자의 활동은 '핵물질 보호하기'로 묘사되는데 이는 그러한 핵물질을 통제한다는 것이다.

오늘날의 이러한 위험스러운 흐름이 중단되고 반전되지 않으면, 우리는 그리 멀지 않아 핵무장 국가들의 수가 점차 늘어나고 테러리스트들이 핵무기를 손에 넣을 가능성이 높아진 그런 세계에 살게 될 것이다. 핵확산과 핵 테러를 예방하기 위한 미국의 방법은 3가지 핵심요소를 포함한다.

첫째, 우리는 북한과 이란의 핵 야심을 반전시키고…… 불법적인 핵 거래를 저지함으로써, 핵 비확산 체제와 그 중심인 핵확산금지조약을 강화시키고자 한다. 둘째, 4년 내에 전 세계적으로 모든 취약한 상태에 있

개국의 핵무기 독점보유를 인정하는 대신, 여타 가맹국의 핵무기 개발, 도입, 보유를 금지하고 있다. 1969년 국제연합 총회에서 채택했고, 1970년 발효되었다. 이 조약은 핵보유국과 비(非)핵보유국 간의 차별적 구도 위에 세워진 불평등조약이다. 핵 확산을 막기 위해 비핵보유국들은 핵무기 개발이나 획득이 절대 금지되고 원자력시설에 대한 국제원자력기구(International Atomic Energy Agency: IAEA)의 사찰을 받아야 하는 반면, 핵보유국들은 단지 점진적인 핵무기 감축에 노력하는 것만이 요구되고 있기 때문이다. 2009년 현재 가맹국은 189개국이다. 남한은 1975년 가입했고, 북한은 1985년 가입했으나 1993년 탈퇴를 선언했다가 보류했으며, 2003년 탈퇴했다.

18) 같은 글, iv쪽. 강조는 필자.

는 핵물질들을 보호한다는 오바마 대통령의 제안을 이행하기 위한 노력을 가속화시킨다. 셋째, 우리는 비확산 체제를 강화하고 전 세계적으로 핵물질을 보호하기 위해 필요한 조치들에 대해 광범위한 국제적 지지를 동원할 수 있는 우리의 능력을 강화할 수단으로서 무기통제 노력들을 추진할 것이다. 여기에는 신전략무기감축협정(New START)*, 포괄적 핵실험금지조약(CTBT)*의 비준과 가입, 그리고 검증가능한 핵분

---

* 전략무기감축협정(START)은 대륙간탄도미사일(ICBM), 잠수함발사탄도미사일(SLBM) 등 탄도미사일과 탄도미사일의 핵탄두 수의 감축을 목적으로 하는 군축협정이다. 이는 1970년 체결된 전략무기제한협정(Strategic Arms Limitation Talks: SALT)의 후신이다. SALT는 전략무기의 양적 동결을 원칙으로 한 조약이었다. 1982년 레이건 미 대통령은 소련과 SALT를 재개하면서 회담명칭을 START로 변경하고 양국이 보유하고 있는 미사일과 핵탄두 무기를 '제한'하는 데 그칠 것이 아니라 '감축'할 것을 제안했다. 그 후 START는 중단되었다가 1986년 재개되었다. 1991년 7월 부시 미 대통령과 고르바초프 소련 대통령은 양국이 보유한 ICBM 등 장거리 핵무기를 향후 7년간 각각 30%와 38% 줄인다는 내용의 START I 협정에 서명했다. 1993년 1월 부시 미 대통령과 옐친 러시아 대통령은 양국 전략핵무기의 2/3를 감축, 핵탄두를 3,500기 수준으로 줄이는 내용의 START II 협정에 서명했다. 이를 미국 의회는 1996년 비준했고 러시아는 2000년 4월 비준했다. 이에 따라 미국과 러시아는 2007년까지 전략핵무기의 탄두 수를 각각 3,500기와 3,000기까지 감축했다. 신전력무기감축협정(New START)은 미·러 양국이 핵탄두 보유 상한선을 향후 7년 내에 1,550개로 감축하는 방안 등을 담고 있으며 2010년 4월 체결된 후 미국은 2010년 12월, 러시아는 2011년 1월에 비준했다.

* 1963년 미국·영국·옛 소련 3국 간에 체결된 부분적 핵실험금지조약(PTBT)이 대기권과 지상·수중에서의 핵실험만을 금지하고 있어 지하 핵실험을 규제할 수 없다는 의문이 제기됨에 따라 이를 해결하기 위반 방안으로 1996년 국제연합(UN) 총회에서 모든 핵실험을 금지한다는 내용을 골자로 채택한 국제조약이다. 2007년 현재 177개국이 서명했으며 비준국은 139개국이다. 대표적인

열물질차단조약(FMCT)* 등이 포함된다.[19]

9·11 이후 핵독트린

9·11 이후 시대에 있어서, 전술 핵무기와 재래식 전구 병참의 구별은 점점 흐릿해지고 있다. 미국의 새로운 핵독트린은 '타격 능력들의 배합'에 기초하고 있다. 후자는 재래식 무기들과 결합된 소형 핵무기의 이용을 내다보고 있는데, 이는 특히 펜타곤의 이란 공습 계획에 적용되고 있다.

해리 트루먼이 '군사기지 히로시마에 투하된' 최초의 원자폭탄의 경우에 대해 말한 것과 마찬가지로 오늘날 소형 핵폭탄들은 '주위의 일반 시민들에게는 안전하다'고 발표되고 있다.

워싱턴에서 공식적으로 '합참 발표 3-12'로 알려진 (2005년 3월의) 새로운 핵독트린(DJNO, 합동 핵작전을 위한 독트린)은 통일되고 '통합된' 명령통제(C2) 아래에서 '재래식과 핵공격을 통합할 것'을 촉구했다.[20]

핵개발 국가인 미국·러시아·중국은 비준하지 않았고, 파키스탄·인도·이란·북한 등은 서명에도 참여하지 않았다.

* 무기용 핵분열물질의 생산금지에 관한 조약. 포괄적 핵실험금지조약이 핵군비 경쟁의 정지라는 질적 측면을 다루는 반면, 이 조약은 고농축 우라늄과 플루토늄 등 핵무기용 핵분열성 물질의 생산을 금지하여 양적인 측면을 다루고 있다. 현재 미국·러시아·영국·프랑스는 이미 생산을 중지했고, 주요 목적은 인도·파키스탄·이스라엘의 생산을 중지시키는 것에 있다.

19) 같은 글, v-vi 쪽. 강조는 필자.

20) Joint Chief of Staff, "Doctrine for Joint Nuclear Operations."

이 문서는 전쟁계획을 통제에 관한 의사결정 과정으로 기술하고 있는바, 여기에서 군사적 전략 목표들은 수단들의 배합을 통해 성취되어야 한다고 하는데, 그로부터 귀결될 인명의 손실에 대한 고려는 거의 찾아볼 수 없다.

군사적 계획은 '가장 효율적인 무력의 사용', 즉 진술된 목표를 성취하기 위해 다른 무기체계들을 최적으로 배열하는 데 초점을 맞추고 있다. 이러한 맥락에서 핵무기와 재래식 무기들은 '도구상자의 일부'로 고려되고 있다. 이 도구상자에서 사령관들이 '진화하는 상황'에 따라 필요로 하는 수단들을 골라서 선택할 수 있다는 것이다(재래식 벙커 파괴탄, 산탄식 폭탄, 소형 핵폭탄, 화학 및 생물학 무기를 포함하여 펜타곤의 '도구상자'에 들어 있는 무기들 중 어떤 것도 미국이나 그들의 동맹 파트너들의 용어에서 대량살상무기로 묘사되지 않는다).

공식적인 목표는 다음과 같다.

> 무력의 가장 효율적인 사용을 보장하고 미국 지도자들에게 긴급한 상황에 대처하기 위해 더 광범위한 (핵과 재래식) 타격 옵션을 제공한다. 그러므로 재래식 무기와 핵무기의 통합은 모든 포괄적인 전략의 성공에 결정적이다. 이러한 통합은 대상 설정의 최적화와 부수적인 피해의 최소화를 보장하고 확전 개연성을 줄일 것이다.[21]

새로운 핵독트린은 핵무기의 실상을 전혀 반대로 호도한다. 새 독트린은 핵무기의 재앙적인 영향을 부정할 뿐 아니라, 핵무기가

---

21) 같은 글. 강조는 필자.

'안전하고' 전장(戰場)에서의 핵무기의 사용은 '부수적인 피해의 최소화'를 보장할 것이며 '확전 개연성을 줄일' 것이라고 명백하게 선언한다. 방사성 낙진 문제는 전술 핵무기와 관련하여 인정조차 되지 않는다. '핵겨울'* 문제는 더 말할 필요가 없다. 핵무기를 '시민에게 안전한' 것으로 서술하는 이런 다양한 지도 원리들이 군부 내에서 컨센서스를 형성하고 있고, 이런 컨센서스는 군대 매뉴얼에 녹아들어 가며, 전쟁터에서 지역 사령관들에게 적절한 청신호 기준으로 제공된다.

'방어적' 및 '공격적' 행동들

「2001 핵태세검토보고서」에서 정식화된 바대로, 9·11 이후 핵독트린은 중동에서, 특히 이란에 대해 핵무기의 선제적 사용을 위한 기초를 닦았다.[22]

* '핵겨울'이란 핵전쟁 후 발생하는 재와 먼지로 지구 고층대기까지 뒤덮여 태양광선이 지구표면에 닿지 않아 빙하기 같은 기후변화를 겪게 된다는 가설. 핵전쟁이 환경에 주는 영향이나 그것이 가져오는 피해에 대해 1980년대 초기까지는 대체로 열선, 폭풍, 방사선 등 핵폭발의 직접적인 영향에 의한 것만 생각했다. 그러나 1971년 화성에 도달한 최초의 우주선 마리너 9호가 보내 온 데이터로부터, 화성에서 일어난 맹렬한 폭풍으로 날려 올라간 모래 먼지가 화성 표면의 급격한 온도 저하를 가져온다는 사실을 알았다. 이 자료는 약 10년 후인 1983년 미국의 저명한 우주 물리학자 세이건(Carl Sagan) 등에 의해 핵전쟁에 의한 기후 변동, 이른바 '핵겨울'을 발견하는 계기가 되었다. 이 시나리오는 핵전쟁이 일어나면, 그로 인해 발생한 다량의 연기와 먼지가 지구의 상공을 덮어 지표는 어두워질 뿐만 아니라 급속하게 한랭화되어 살아남은 사람들과 지구 위의 생태계 전체가 파멸적인 상태에 빠진다는 것이다.

합동 핵작전을 위한 독트린은 '방어적' 및 '공격적' 군사행동 사이의 구분을 모호하게 만드는 쪽으로 한걸음 더 나아갔다.

　새로운 3원 전략 핵전력(triad)*은 전략적인 공격 및 방어 능력들의 배합을 제공하는바, 이는 핵 및 비핵 타격 능력, 능동적 및 수동적 방어, 공격적인 무력과 방어 체계를 개발·구축·유지하기 위한 견실한 연구, 개발 및 산업 기반을 포함한다 ……23)

　그러나 새로운 핵독트린은 자기방어를 위한 선제행동을 넘어선다. 그것은 불특정한 미래 어느 시점에 대량살상무기를 개발할 계획을 가지고 있다고 의심되는 불량국가에 대해 핵무기를 사용하는 '예상에 따른 선행 행동'을 촉구한다.

　책임성 있는 안보계획은 비록 지금은 있을 것 같지 않더라도 앞으로 가능성이 있는 위협들에 대한 준비를 필요로 한다. 전사(戰史)의 교훈은 분명하다. 예측할 수 없는, 비이성적인 충돌이 일어난다는 것이다. 비록 당장 개연성이 있는 전쟁 시나리오가 없다고 할지라도, 군대는 현존하거

----

22) the report of the Project for the New American Century(PNAC), "Rebuilding America's Defenses, Strategy, Forces and Resources for a New Century," Washington DC, September 2000, http://www.newamericancentury.org/Rebuilding AmericasDefenses.pdf. 참조.

* 미군에서 지상발사탄도탄, 잠수함발사탄도탄, 장거리 폭격기로 이루어지는 전략 핵억지력을 말한다.

23) Joint Chiefs of Staff, "Doctrine for Joint Nuclear Operations." 핵심 개념 강조. 강조는 필자.

나 가까운 장래에 존재할 무기와 능력들에 대응할 준비를 하지 않으면 안 된다. 대량살상무기 사용의 억제력을 극대화하기 위해서는 미국 군대가 핵무기를 효과적으로 사용할 수 있도록 준비하는 것과 대량살상무기 사용을 예방하거나 그것에 보복하기 위해 핵무기를 사용할 결의가 되어 있는 것이 중요하다.[24]

소형 핵폭탄은 현존하지 않는 (예컨대 이란의) 대량살상무기 프로그램을 그것이 개발되기에 앞서 방지하는 데 기여할 것이다. 이러한 뒤틀린 정식화는 대량살상무기로 공격당한다면 미국은 핵무기로 보복할 수 있다는 「2001 핵태세검토보고서」와 '국가안보 대통령 지시사항(NSPD) 17'의 전제들을 훨씬 넘어선다.

미국은 미국, 해외주둔 미군, 그리고 우방과 동맹국들에 대한 (대량살상무기의) 사용에 대해 압도적인 무력 — 잠재적으로 핵무기를 포함한 — 으로 대응할 권리를 보유하고 있음을 분명히 할 것이다 ……[25]

핵무기와 재래식 무기 계획들의 '통합'

합동 핵작전을 위한 독트린은 핵무기 사용을 규율하는 절차들과 핵전쟁과 재래식 전쟁 작전 간의 관계의 성격을 요약하고 있다. 그

---

24) 같은 글, III-1쪽. 강조는 필자.

25) NSPD-17/HSPD 4, "National Strategy to Combat Weapons of Mass Destruction," unclassified version, The White House: Washington DC, December 2002. http://www.fas.org/irp/offdocs/nspd/nspd-wmd.pdf.

것은 다음과 같이 진술한다.

> 전장에서 핵무기의 사용은 핵과 재래식 계획들이 가능한 최대로 통합
> 될 것을 요구한다.[26]

이러한 '통합'의 함의는 지대하다. 왜냐하면 일단 총사령관, 즉
미국 대통령에 의해 재래식 - 핵 합동 군사작전을 개시하는 결정이
내려지면, 전술 핵무기는 그 이후 대통령의 승인 없이도 사용될 위
험이 있기 때문이다. 이러한 견지에서 핵무기의 사용에 관련된 전
구 사령관의 관할하의 집행절차는 '유연하고 상황에 따른 변화들
을 허용하는 것으로' 기술된다.

> 지역 전투사령관들은 전장 수준의 목표를 정의하고 그러한 목표들을 지
> 원하는 데 요구되는 핵 계획을 개발하는 책임을 진다. 여기에는 표적들의
> 선정도 포함된다. 임무가 주어졌을 때, 전략사령관은 지원 사령관으로
> 서 전구 계획의 요구사항들에 부응하는 세부 계획을 지원한다. 모든 전
> 구 핵 옵션 계획은 위기가 허용하는 시간 내에 효과적인 대응을 정식화
> 하고 실행하기 위한 합동작전 계획 및 집행 체계 절차를 따른다…….

> 모든 시나리오에 대한 옵션은 존재하지 않기 때문에, 전투사령관들은
> 위기행동계획을 수행하고 그 계획들을 집행할 능력을 가져야 한다. 현재

---

26) Joint Chiefs of Staff, "Doctrine for Joint Nuclear Operations," p. 47. 강조는 필자.
자세한 내용은 Michel Chossudovsky, "Nuclear War against Iran," Global
Research, January 3, 2006, http://www.globalresearch.ca/index.php?context=viewArticle
&code=20060217&articleId=1988 참조.

의 제한된 또는 주요한 옵션들이 부적절할 경우, 위기행동계획은 새로운 옵션을 개발하거나 현존하는 옵션을 수정할 능력을 제공한다…….

명령, 통제, 조정은 지역 전투사령관들에게 이동미사일 발사대와 같이 분초를 다투는 표적들을 타격하는 것을 허용할 만큼 충분히 유연해야 한다.[27]

전구 핵작전

핵전쟁을 개시하기 위해서는 형식적으로 대통령의 승인이 필요하지만 지역 전투사령관들은 핵무기와 관련된 명령 결정들을 실행할 뿐만 아니라 그런 결정들을 내리는 권한을 가지고 전구 핵작전을 관장하게 될 것이다.[28] 우리는 더 이상 전 국방장관 로버트 S. 맥나마라(Robert S. McNamara)가 요약한 것과 같은 '돌발적이거나 의도하지 않은 핵 발사'에 연계된 '위험'을 다루고 있는 게 아니다. 우리는 지금 총사령관으로부터 지역 사령관들에 이르기까지 군사령관들에게 전술 핵무기를 사용할 수 있는 재량권을 부여하는 군사적 의사결정 과정에 대해 이야기하고 있다. 더욱이 이들 '작아진' 전술 핵무기들은 펜타곤에 의해 '주변 일반 시민들에게는 안전한' 것으로 재분류되고, 그리하여 '부수적인 피해를 최소화하는' 것으로 재분류되었기 때문에 전술 핵무기들의 사용을 방지하는 우선적인 내재된 제약들은 존재하지 않는다.[29]

....
27) Joint Chiefs of Staff, "Doctrine for Joint Nuclear Operations." 강조는 필자.

28) 같은 글.

일단 군사작전을 개시한다는 결정이 내려지면(예컨대 이란에 대한 공습), 전구 사령관들은 일정 정도의 재량권을 갖는다. 이것이 실제적으로 의미하는 것은 일단 대통령의 결정이 내려지면 전략 사령부가 전구 사령관과의 연계 속에서 표적 선정과 사용할 무기 유형에 관해 결정할 수 있다는 것이다. 비축된 전술 핵무기들은 이제 전장 병참의 필수불가결한 일부로 간주되고 있다. 달리 말하면, 소형 핵폭탄들은 재래식 전구에서 이용되는 '도구상자의 일부'가 되었다.

이란에 대한 계획된 공습

이란을 공습하는 작전계획은 2005년 6월 이래 '준비완료 상태'에 있다. 이 작전을 수행하기 위한 핵심적인 군사적 하드웨어들은 배치되어 있다.[30]

2005년 딕 체니(Dick Cheney) 부통령은 미 전략사령부에 '비상계획'을 기안하라고 지시했는데, 이 계획에는 '재래식 무기와 핵무기를 이용한 대규모 대이란 공습'이 포함되었다.[31]

---

29) Michel Chossudovsky, "The Dangers of a Middle East Nuclear War," Global Research, February 2006, http://www.globalresearch.ca/index.php?context=view Article&code=20060217&articleId=1988 참조.

30) 자세한 내용은 Michel Chossudovsky, "Nuclear War against Iran," Global Research, January 6, 2006, http://www.globalresearch.ca/index.php?context=viewArticle&code =%20CH20060103&articleId=1714 참조.

31) Philip Giraldi, "Attack on Iran: Pre-emptive Nuclear War," *The American Conservative*, August 2, 2005, http://www.globalresearch.ca/index.php?context=vi

체니의 비상계획에서 끔찍스러운 점은 이란에 대한 전쟁의 정당화가 '아직 일어나지 않은' 대미 테러공격에 이란이 당연히 개입되어 있을 것이라는 가정에 의존하고 있다는 것이다.

그 계획은 재래식 무기와 전술 핵무기를 이용한 이란에 대한 대규모 공습을 포함한다. 이란 내에는 핵무기 개발 프로그램 장소들로 의심되는 여러 곳을 포함하여 450개 이상의 전략적 표적들이 있다. 그 중 다수는 강화 방어설비를 갖추고 있거나 지하 깊숙이 있어서 재래식 무기로 제거할 수 없다. 그리하여 핵무기 옵션이 제기된다. 이라크의 경우와 마찬가지로, 이 공격은 이란이 실제로 미국에 대한 테러리즘 행위에 관여하고 있는지 여부에 따라 조건적으로 이루어지는 것이 아니다. 보도에 따르면 이 계획에 관련된 여러 공군 장교들은 그들이 하고 있는 일의 함의, 즉 이란이 이유 없이 핵공격에 처하게 된다는 것에 대해 끔찍하게 생각하지만 누구도 여기에 반대함으로써 자신의 경력에 흠집을 내려고 하지 않는다.[32]

체니가 제안한 비상계획은 제2의 9·11을 방지하는 데 초점을 두고 있지 않고, 이란이 제2의 9·11 배후에 있을 것이므로 조사를 수행하기에 앞서 즉각적으로 응징 폭격이 이루어진다는 가정에 입각하고 있다. 이는 9·11 테러리스트들을 지원한 탈레반 정부의 역할에 대한 보복이라고 주장된 2001년 10월 아프가니스탄 공격과 너무나 비슷한 방식이다.

ewArticle&code=20050802&articleId=791.

32) 같은 글.

심층 수준에서 그것이 시사하는 것은 체니의 집무실과 펜타곤이
'9·11 유형의 테러 공격'을 정권과 기업의 선전 증폭 시스템에 의해 그
렇게 취급되도록 선정된 나라들에 대한 침략 전쟁을 정당화하는 수단
으로 삼고 있다는 것이다.[33]

부시 행정부 이래 미국의 군사기획가들은 이란에 대한 군사작전
을 개시하기 위해 전쟁 구실이 될 사건(예컨대 '제2의 9·11')을 불확
실한 상태에서 기다리고 있는 것인가?

'전 지구적인 전쟁': 미 전략사령부의 역할

전 지구적인 군사작전은 이스라엘, 터키, 페르시아 만, 인도양 디
에고 가르시아 군기지 등에 있는 연합사령부 단위들뿐만 아니라
통합사령부의 지역사령부들(예컨대 플로리다에 있으며 중동과 중앙
아시아 지역을 책임지는 미국 중부사령부, 65쪽 지도 참조)과의 연계하
에 네브래스카 주 오풋 공군기지에 있는 미 전략사령부에서 조율
된다. '협력국들'뿐만 아니라 미국 - 나토의 개별 동맹국들에 의한
일국 수준에서의 군사 기획과 의사결정은 우주의 군사화를 포함하
는 전 지구적인 군사계획으로 통합되어진다. 이것이 의미하는 것
은 광의의 중동 및 중앙아시아 또는 그 범위를 넘는 다양한 확전 시
나리오를 포함하는 이란에 대한 대규모 공격이 미 전략사령부에

33) Michael Keefer, "Petrodollars and Nuclear Weapons Proliferation: Understanding
the Planned Assault on Iran," Global Research, February 10, 2006, http://www.glo
balresearch.ca/index.php?context＝va&aid＝1936.

의해 조율된다는 것이다.

이란을 공격하기 위한 체니의 2005년 비상계획이 기안됨과 동시에, 미 전략사령부의 권한과 관련된 의미심장한 전환이 이루어졌다. 미 전략사령부는 '대량살상무기에 맞서 싸우는 국방부 전체 차원의 노력을 통합하고 동시에 진행하는 지휘 전투사령부'로 정의되었다. 이러한 권한을 이행하기 위해 '우주 및 전 지구적인 타격을 위한 합동 기능 구성 사령부(Joint Functional Component Command for Space and Global Strike: JFCCS GS)'라고 불리는 새로운 부대가 창설되었다. 새로운 권한에 의거해 미 전략사령부는 재래식 무기와 핵무기 양자로 구성된 '전 지구적인 타격 계획을 감독하는' 책임을 지게 되었다. 군사용어에 따르면 그것은 '우주 작전 임무, 정보 작전, 통합 미사일 방어, 전 지구적인 명령 및 통제, 첩보·감시·정찰, 전 지구적인 타격, 그리고 전략적 억지(Deterrence)* 등의 사명을 가진 전 지구적인 통합자'의 역할을 수행하기로 되어 있다. 미 전략사령부의 책임은 다음을 포함한다. 전 지구적인 수준에서의 '전략적 억지 작전을 지휘·기획·집행하는 것', '전 지구적인 미사일 방어 계획 및 작전을 동시에 진행하는 것', '지역별 전투계획을 동시에 진행하는 것' 등이다. 미 전략사령부는 현대 전쟁을 조율하는 지휘기관

* 정치학 용어로 자신이 힘을 행사할 수 있음을 나타내면서 적이 공격을 통해서 얻는 이익보다 보복으로 입게 되는 손해가 더 크다는 것을 깨닫게 하여 일정한 행동을 하지 못하게 하는 전략. 억지는 핵무기 등장 이후 주로 미국과 옛 소련의 군사전략상 주요전략이 되어왔으며, 양국의 핵전략은 기본적으로 상호핵억지시스템을 취했다. 상호핵억지시스템이란 핵전쟁이 일어나는 것을 억지하기 위해 핵보유국이 서로 상대방의 선제공격에 대한 보복공격 능력을 갖추는 것을 말한다. 이러한 여건이 이루어진 상태를 '공포의 균형'이라 한다.

이다.

　미 전략사령부의 감독하에서 우주 및 전 지구적인 타격을 위한 합동 기능 구성 사령부는 부시 행정부의 2002 핵독트린에 따라 핵무기 및 재래식 무기를 사용하는 군사작전을 개시하는 책임을 진다. 두 범주의 무기들은 통합 지휘·통제 아래서 '합동 타격 작전'으로 통합된다.

　국방부는 새로운 대통령 지침을 반영하고, 다른 한편으로 상급직이 많은 냉전기의 단일 통합작전 계획으로부터 오늘날의 적들을 패퇴시키기 위한 작고 유연해진 타격 계획들로의 전환을 반영하여 핵 타격 계획을 업그레이드하고 있다. 새로운 전략적 전쟁 계획은 '작전계획(OPLAN) 8044'로 알려져 있다 ……. 이 수정된 세부 계획은 더욱 광범위한 범위의 비상상황에서 동맹국들을 안심시키고 적들을 만류하고 억지하며, 필요하다면 패배시킬 수 있는 더 유연한 옵션을 제공한다 …….

　새로운 일련의 계획 가운데 하나는 '개념계획* 8022'인데, 이는 세계 어디서든지 '시간적으로 급박한 표적물들'을 ─ 필요하다면 선제적으

---

* 개념계획은 축약된 형태의 작전계획이다. 작전계획(Operation Plan)은 적대적 환경 속에서 군사작전을 수행하기 위한 계획으로 합동참모본부의 요구사항에 맞추어 통합사령부 또는 특정한 (지역 등) 사령부의 사령관에 의해 마련되는 것이다. 이 작전계획은 완성된 형태의 작전계획(OPLAN)과 개념적 형태의 작전계획(CONPLAN)으로 나뉜다. 그러나 그 차이는 실행 여부가 아니라 훈련 및 부대 편성 등 구체성의 수준에 있다. 전자는 특정부대의 군사작전을 지도하는 실행가능한 계획인 작전지시(OPORD)의 직접적인 토대가 되는 반면, 후자의 개념계획은 작전계획이나 작전지시로 나아가려면 확장, 변경이 필요하다는 것이다.

로 ― 파괴할 수 있도록 핵, 재래식 또는 정보 전쟁 능력을 신속하게 사용하기 위한 개념 계획이다. 국방장관 도널드 럼스펠드는 2004년 초 군대로 하여금 개념계획 8022의 발효를 지시하는 경계명령을 발표했다. 그 결과, 부시 행정부의 선제공격 정책은 이제 장거리 폭격기, 억제순찰 중에 있는 전략 잠수함과 아마 대륙간탄도미사일(ICBMs) 등에서 사용될 준비가 갖추어져 있다.[34]

전 지구적인 타격 계획의 작전 수행은 원래 '개념계획(CONPLAN) 8022' 아래 있었는데, 이 개념계획은 '해군과 공군이 잠수함과 폭격기의 타격 패키지로 전환하는 실전 계획'으로 구성되어 있었다.[35] 개념계획 8022는 "핵무기를 수반하는 사전 계획된 전략적 시나리오들을 위한 총괄적인 상위계획이었다. 그것은 특별히 새로운 유형의 위협들 ― 핵 확산국이면서 잠재적으로 테러리스트이기도 한 이란, 북한 ― 에 초점을 맞추고 있었다"고 한스 크리스텐슨은 말했다. "러시아나 중국의 표적들에 대한 제한된 시나리오에서 개념계획 8022를 사용할 수 없다는 말은 없었다."[36]

논란거리였던 개념계획 8022는 2008년에 폐기되었지만 전 지구적인 타격과 전 지구적인 전쟁의 신조는 여전히 팽배하다. 우주 및

---

34) Robert S. Norris and Hans M. Kristensen, "U.S. Nuclear Forces," *Bulletin of the Atomic Scientists*, January 2006, 62: 68-71, doi: 10.2968/062001020, http://bos.sagepub.com/content/62/1/68.full.

35) *Japanese Economic Newswire,* December 30, 2005.

36) According to Hans Kristensen of the Nuclear Information Project, *Japanese Economic News Wire.*

전 지구적인 타격을 위한 합동 기능 구성 사령부는(나중에 '전 지구적인 타격과 통합을 위한 합동 기능 구성 사령부[JFCC GSI]*'로 개편) 기능적으로 손대지 않은 채 남아 있다.[37]

새로운 사령부를 위한 작전개념 문서는 그 임무가 전 지구적인 타격을 훨씬 뛰어넘어 '작전계획 8044'를 위한 모든 전략적 타격계획에 미치고 있음을 보여준다. 전 지구적인 타격과 통합을 위한 합동 기능 구성 사령부를 통해 전략사령부는 이전에 전략적 핵 타격에 국한되었던 자신의 업무를 일국 수준 및 지역 전투사령관들을 위한 통합된 계획과 타격 역할로 변화시키고 있는 중이다.[37]

합동 기능 구성 사령부(JFCC)는 '통합된 타격 능력'에 기반하여 '전 세계적으로 적국의 대량살상무기와 싸우기 위한' 전 지구적인 전쟁의 주춧돌이다.

임무 선언(Mission Statement)

'전 지구적인 타격을 위한 합동 기능 구성 사령부(JFCC GS)'는 미 전략사령관의 전 지구적인 임무를 지원하기 위해 군사력의 모든 요소들을 통합한다. 전 세계적으로 적국의 대량살상무기와 싸우기 위해 미 전략사령부의 전 지구적인 억지 능력과 국방부의 자산을 동시적으로 가동한다. 위협들을 억지하고 만류할 수 있는, 그리고 지시가 내려지

---

* Joint Functional Component Command for Global Strike and Integration

37) Hans Kristensen, "STRATCOM Cancels Controversial Preemption Strike Plan," FAS Strategic Security Blog, No. 169, 날짜 미상 참조.

면 결정적인 전 지구적인 활동적·비활동적 전투 자산들을 합동으로 동원하여 적들을 패퇴시킬 수 있는 통합된 전 지구적인 타격 능력을 제공한다.

배경

전 지구적인 타격을 위한 합동 기능 구성 사령부는 2006년 7월 미 전략군사령관이 내린 지시로부터 비롯되었다. 미 전략사령부 합동 기능 구성 사령부들은 전략사령부의 임무들을 더욱 잘 수행할 수 있게 만들고 전략사령부가 전략적 수준의 통합과 엄호에 집중할 수 있게 하기 위해 구성되었다. 전 지구적인 타격을 위한 합동 기능 구성 사령부는 미국, 그 영토와 재산, 군사기지들에 대한 공격을 억지하는 소정의 임무를 위해 계획, 집행 및 병력관리를 최적화하기 위해 고안되었다.

전 지구적인 타격을 위한 합동 기능 구성 사령부는 전략사령부의 전 지구적인 능력을 전구 작전으로 통합하는 데 있어서 중대한 역할을 수행한다. 전 지구적인 타격을 위한 합동 기능 구성 사령부는 전 지구적인 타격 능력들을 지휘 통제하고 모든 군사적 능력들을 재빨리 통합하여 신속히 전선에 집중시키는 계획을 수립할 수 있는 독특한 능력을 제공한다.

• 국가의 전략적 억지 (핵) 전쟁 계획을 유지한다.
• 정보를 공유하고, 자산들을 통합하며, 임무 합동담당자들 사이에서 계속되는 작전들을 동시적으로 가동한다.
• 활동적 (핵과 재래식) 능력과 비활동적 능력을 위한 사전계획된 또는 상황대응적인 계획안들을 산출한다.

- 전 지구적인 타격 작전을 최적화하기 위해 신속한 행동방침(Course Of Action: COA) 개발 능력을 제공한다.
- 전 지구적인 범위에서 순간적으로 움직이거나 가치 높은 표적들을 적시에 공격할 수 있는 전 지구적인 타격 계획을 지휘한다.
- 합동사령부 및 전투사령부(COCOM)의 훈련, 기동훈련(wargame), 실험을 위해 전 지구적인 타격 목표물들을 계획하고 조율한다.
- 전투원들이 실행가능한 지식을 발견하고 사용할 수 있도록 돕는 과정과 성과들의 완벽하고 지속적인 통합이라는 목표를 지향하는, 미 전략사령부, 합동 기능 구성 사령부들, 다른 합동사령부 및 전투사령부 활동들의 작전 통합을 지도한다.
- 2개의 크루즈 미사일 지원 기관들(하와이에 있는 CMSA PAC와 버지니아에 있는 CMSA LANT)에 대한 작전통제를 제공한다.[38]

핵무기 배치 권한부여

이란에 대한 공습 계획은 2004년 초에 만들어진 개념계획에 따라 2004년 중반에 시작되었다. 2004년 5월 '핵무기 배치 권한부여'라고 명명된 '국가안보 대통령 지시사항 35(NSPD 35)'가 발표되었다. 매우 민감한 이 문서는 주의 깊게 보호되는 국가기밀로 남아 있다. 언론은 물론 의회 논쟁에서조차 이 국가안보 대통령 지시사항 35는 언급되지 않았다. 그 내용은 여전히 비밀분류된 채 남아 있지만 추정되기로는 NSPD 35는 개념계획 8022에 따라 중동 전구에

---

38) U.S. Strategic Command, Fact Sheets, http://www.stratcom.mil/factsheets/gs, 2007년 12월.

64   제3차 세계대전 시나리오: 다가오는 이란 전쟁과 그 위험

전술 핵무기를 배치하는 것과 관련되어 있다.

핵무기 배치 권한부여(국가안보 대통령 지시사항 35)의 발표에 뒤이어, 한 터키 신문은 미군이 '이란이 핵시설에 대한 이스라엘의 공격에 대응한다면 그 때 그 지역으로부터 이란을 공격하기 위해 B61형의 전술 핵무기를 이라크 남부에 배치하고 있는 중'이

미국 중부사령부의 관할 지역.

라고 넌지시 흘렸다.[39] ≪예니 사파크≫의 보도가 시사하고 있는 바는 재래식 무기가 일차적으로 이용되겠지만 만약 이란이 이스라엘의 공습에 대응해서 보복하려 한다면 B61 전술 핵무기가 사용된다는 것이다. 소형 핵폭탄을 이용한 이 보복은 「2001 핵태세검토보고서」와 국가안보 대통령 지시사항 17에 포함된 지침들과 일치한다.

이스라엘의 재래식 무기 및 핵무기 비축

이스라엘은 군사동맹의 일부이며 이란에 대해 계획된 공격에 있어 주요한 역할을 수행하도록 계획되어 있다.[40] 여러 신문 보도에

---

39) Ibrahim Karagul, "The US is Deploying Nuclear Weapons in Iraq Against Iran," YeniSafak.com, December 20, 2005. BBC ≪Monitoring Europe≫에 인용.

40) 자세한 내용은 Michel Chossudovsky, "Nuclear War against Iran." 참조.

의해 확인되었듯이, 이스라엘은 2004년 9월부터 시작하여 약 500개의 미국산 BLU 109 벙커 파괴탄을 도입했다.[41) BLU 109에 대한 최초의 조달 주문은 2004년 9월 날짜로 되어 있다. 2005년 4월 워싱턴은 이스라엘이 록히드 마틴이 생산한 더 정교한 벙커 파괴 GBU-28 폭탄 100개를 인수했다고 확인했다.[42) GBU-28은 "4,400파운드의 침투 탄두를 사용하는 5,000파운드 무게의 재래식 레이저-유도탄"으로 묘사되고 있다. 그것은 이라크 전구에서 이용되었다.

> 펜타곤이 [말하길]…… "이스라엘에 500개의 BLU-109 탄두를 판 것은 미국의 전략적 전술적 목표들에 크게 기여할 것이다……" 위성유도탄에 장착되는 BLU-109는 이스라엘에 있는 미국산 전투기인 F-15나 F-16 제트기에서 발사될 수 있다. 올해 이스라엘은 주요 동맹국인 미국으로부터 102 장거리 F-16I 전투기 편대 중 첫 번째 것을 받았다. '제인의 공중발사 무기들'*의 편집자인 휴슨은 로이터에 "이스라엘은 거의 틀림없이 자국산 벙커 파괴탄을 만들고 있지만 그것들은 2,000 파운드 (910kg) 무게의 BLU들만큼 강력하지 못하다"고 말했다.[44)

이 보도는 이스라엘이 수소폭탄 버전의 벙커 파괴탄을 비축, 배치하고 있는지 여부를 확인해주지 않는다. 또한 이스라엘산 벙커 파괴탄이 핵탄두를 장착하고 있는지의 여부도 지적하지 않고 있

---

41) *Washington Post,* January 6, 2006

42) Reuters, April 26, 2005

* 공중무기 관련 정보회사(Jane's Air-Launched Weapons).

44) Reuters, September 21, 2004

다. 이러한 이스라엘의 벙커 파괴탄의 비축이 국가안보 대통령 지시사항 35(핵무기 배치 권한부여, 2004년 5월) 발표 직후에 이루어졌다는 점은 주목할 만하다.

이스라엘은 100~200개의 전략 핵탄두를 보유하고 있다. 2003년 워싱턴과 텔아비브는 그들이 '이스라엘의 돌고래급 잠수함에 핵탄두를 장착한 미국산 하푼 미사일*을 배치하는 데' 협력하고 있음을 확인했다.[45] 이란에 대한 공습을 준비하는 맥락에서 이스라엘은 '2차-타격' 억지를 위해 핵 장착 크루즈 미사일을 발사할 수 있는 독일산 새 잠수함 2척을 인수했다.[46]

이스라엘의 전술 핵무기 능력은 알려져 있지 않다. 이스라엘의 공습 참여는 또한 중동 전역에 걸쳐서 정치적 폭탄선언으로 작용할 것이다. 그것은 우선 레바논과 시리아로 전쟁 지역이 확대되는 확전에 기여할 것이다. 지중해 동부로부터 중앙아시아와 아프가니스탄의 서부 전선에 이르는 지역 전체가 영향을 받을 것이다.

서유럽의 역할

공식적으로 '비(非)핵무장국'으로 간주되는 여러 서유럽 나라들이 펜타곤에 의해 공급된 미국산 전술 핵무기를 보유하고 있다. 미

---

* 미국의 해군용 대함유도 미사일.

45) Peter Beaumont, "Israel deploys nuclear arms in submarines," *The Observer*, October 12, 2003.

46) *Newsweek*, February 13, 2006. 또한 CDI Database, http://www.cdi.org/issues/nukef&f/database/nukearsenals.cfm.

국은 벨기에, 독일, 이탈리아, 네덜란드, 터키를 포함한 비핵무장 5
개국과 핵무장국 영국에게 약 480기의 B61 수소폭탄을 공급하고
있다. 비엔나에 근거를 둔 '유엔 핵감시(UN Nuclear Watch)'에 의해
무시되고 있지만 미국은 서유럽에서 핵무기 확산에 적극 기여하고
있다.

이러한 유럽 (핵) 비축의 일환으로서, 이스라엘과 함께 미국 주도
의 대이란 동맹의 파트너인 터키는 인치르리크 공군기지에 90기의
B61 벙커 파괴 수소폭탄을 보유하고 있다.[47]

최근의 (미확인) 보도는 서유럽에 배치된 전술 핵무기의 수가
200~250개로 감소했다고 시사한다. 이들 전술 핵무기의 일부가
퇴장한 반면, 그 비축량의 일부가 (위에서 토론한) 핵무기 배치 권한
부여의 일환으로 서유럽으로부터 중동 및 중앙아시아에 있는 군사
기지로 옮겨졌을 수도 있다.

나토는 이러한 병참을 재래식 전장에 속하는 것으로 간주한다.

> 그 폭탄들은 전략적 또는 장거리 핵무기에 대립되는 전술적 또는 전
> 구 누크(소형 핵무기)로 간주한다. 왜냐하면, 그것들은 전략 미사일이
> 나 폭탄에 의해 겨냥되는 도시, 기반시설이나 산업이 아니라 공격하는
> 적군들에게 투하되는 것으로 고안되었기 때문이다.[48]

---

47) National Resources Defense Council, "U.S. Nuclear Weapons in Europe," February
   2005, http://www.nrdc.org/nuclear/euro/contents.asp.

48) Eben Harrell, "NATO Ponders What to Do with its Nuclear Weapons," *Time
   Magazine,* October 7, 2010, http://www.time.com/time/world/article/0,8599,2024
   161,00.html.

전술 핵무기는 공격 무기라기보다는 방어 무기로 묘사된다. 이 왜곡된 논리에 따라 나토의 전술 핵무기 배치는 동맹의 집단안보 독트린을 뒷받침하려는 것이 된다.

국가자원방어위원회(2005년 2월).
http://www.nrdc.org/nuclear/euro/euro_pt1.pdf.

미국과 나토의 핵 정책과 일치하는 B61의 서유럽 비축과 배치는 중동의 표적들을 겨냥하고 있다. 더구나, '나토 타격 계획'들에 따라 (비핵무장국들에 의해 비축된) 이들 벙커 파괴 수소폭탄은 '러시아 또는 시리아와 이란 같은 중동 국가들에 있는 표적을 향해' 발사될 수 있다.[49)]

더욱이 미국 정보자유법 아래서 (부분적으로) 비밀해제된 서류들에 의해 확인된 바로는,

> 1990년대 중반에 유럽에 있는 미국의 핵전력을 미 유럽사령부(EUCOM)의 책임지역 밖에서 사용할 수 있게 허용하는 합의가 이루어졌다. 이러한 합의의 결과, 미 유럽사령부는 이제 중동에서 미 중부사령부의 핵 임무를 지원하게 되는데, 여기에는 잠재적으로 이란과 시리아가 포함된다.[50)]

49) National Resources Defense Council, "U.S. Nuclear Weapons in Europe."

50) The Nuclear Information Project, 2005. http://www.nukestrat.com/us/afn/nato.htm. 강조는 필자.

미국을 제외하고는 어떤 핵무장국도 "비핵무장국들에 의해 발사되도록 예정된 핵무기를 갖고 있지 않다."[51] 이들 비핵무장국들은 문서화된 증거도 없이 테헤란이 핵무기를 개발하고 있다고 비난하지만 그들의 B61 전술 핵무기들은 일국적 지휘하에서 이란을 겨누고 있다. 국제원자력기구와 '국제사회'에 의한 '이중기준'의 명백한 사례인 것이다.

독일: 사실상의 핵무장국

자료들은 비핵무장 5개국들 중에서 '독일은 3개의 핵기지(그들 중 둘은 완전히 가동되는)를 거느린 가장 강력하게 핵무장된 나라이며, 많게는 150개의 (B61 벙커 파괴) 폭탄을 비축하고 있음'을 보여준다.[52] (위에서 언급된) 나토 타격 계획에 따라 이러한 전술 핵무기들은 또한 중동을 겨누고 있다. 독일은 공식적으로 핵무장국이 아니지만 프랑스 해군을 위해 핵탄두를 생산하고 있다. 독일은 핵탄두를 비축하고 있으며, 핵무기를 발사할 수 있는 능력을 가지고 있다. 유럽항공방위우주산업(European Aeronautic Defence and Space Company: EADS)은 프랑스 - 독일 - 스페인의 합작투자회사이고 독일항공우주와 강력한 다임러 그룹에 의해 통제되고 있다. 이 회사는 유럽에서 두 번째로 큰 군수업체로 프랑스에 M51 핵미사일을 공급하고 있다.

---

51) National Resources Defense Council, "U.S. Nuclear Weapons in Europe."

52) 같은 글.

선제적 핵전쟁: 나토의 2010 전략 개념

2010년 11월에 채택된 나토의 전략개념은 모든 회원국을 대표하여 선제적 핵독트린을 평화의 도구로 승인하고 있다. 나토의 공식 목표는 '핵무기와 재래식 전력의 적절한 배합을 유지'하는 것과 아울러 '핵 역할에 관한 집단방위 계획, 평화시 핵전력 구축, 명령, 통제 및 협의 구조에 동맹국들의 최대한의 참여를 보장하는 것'이다.[53]

> 핵 및 재래식 능력의 적절한 배합에 기초한 억지력은 우리의 전반적인 전략의 핵심 요소로 남아 있다 ……. 우리 동맹국 안보의 최상의 보장은 동맹의 전략적 핵전력, 특히 미국의 전략적 핵전력에 의해 제공된다; 미국, 영국, 프랑스의 독립적인 전략 핵전력은 그들 각국의 억지 역할을 가지면서 동맹국들의 전반적인 억지력과 안보에 기여한다.[54]

이러한 2010년 규정들은 '나토의 핵전력은 더 이상 어떤 나라도 겨냥하지 않을 것이다'라는 관념을 주창한 나토의 1999년 전략개념과 뚜렷이 대비된다.[55]

---

53) Heads of State and Government, "Strategic Concept for the Defence and Security of The Members of the North Atlantic Treaty Organisation," Adopted by Heads of State and Government, Lisbon, November 2010, http://www.nato.int/lisbon2010/strategic-concept-2010-eng.pdf.

54) 같은 글, p. 4.

55) Hans M. Kristensen, "NATO Strategic Concept: One Step Forward and a Half Step Back," FAS Strategic Security Blog, November 2010, http://www.fas.org/blog

세계는 중대한 십자로에 서 있다

전 지구적인 안보에 대한 위협은 이란이나 북한이 아니라 미국과 이스라엘이다. 최근의 발전을 보면, 핵무기를 보유한 이른바 비핵무장국들을 포함한 서유럽 정부들이 이 흐름에 동참하고 있다. 서유럽과 나토 회원국들은 한목소리로 미국 주도의 대이란 군사작전을 승인해왔다.

이란에 대한 펜타곤의 계획된 공습은 핵무기와 재래식 무기 양자를 사용하는 시나리오들을 수반한다. 이것이 반드시 핵무기의 사용을 의미하는 것은 아니라 할지라도, 중동 핵 홀로코스트의 잠재적 위험은 진지하게 고려되어야 한다. 그것은 특히 미국, 서유럽, 이스라엘, 터키에서 반전운동의 초점이 되어야 한다.

중국과 러시아가 (비공식적으로) 이란의 동맹국으로 신형 군사장비와 정교한 미사일 방어체계를 공급하고 있다는 점도 이해되어야할 것이다. 이 두 나라는 유엔 안보리 결의 1929(2010년 6월) 아래서 이란에 대한 제재체제를 승인했지만 이란에 대한 공습이 실행될 경우 수동적인 자세를 취할 것 같지는 않다.

새로운 선제 핵독트린은 방어적 및 공격적 작전의 통합을 요청한다. 더욱이 재래식 무기와 핵무기의 중요한 구분은 흐릿해져 왔다. 군사적 관점에서 미국과 이스라엘과 터키를 포함한 그 동맹 파트너들은 준비완료 상태에 있다. 목표는 미디어 정보조작을 통해 서구 여론이 국제사회에 반항하는 이란을 응징하기 위한 미국 주

/ssp/2010/11/nato2010.php 참조.

도의 대이란 전쟁을 지지하도록 만들어내는 것이다.

전쟁선동은 적을 가공해내면서 서구 사회가 테헤란 정부의 직접적인 지원을 받는 이슬람 테러리스트들의 공격에 직면해 있다는 환상을 심는 것이다,

국가안보 슬로건은 이렇다.

세계를 더 안전하게 만들자.

테러리스트들에 의한 더러운 핵무기 확산을 막자.

평화를 보장하기 위해 이란에 대한 응징 행동을 실행하자.

불량국가들에 의한 핵무기 확산에 맞서 싸우자.

3 | 미국의 신성한 십자군과 석유를 위한 전쟁

부시 행정부 아래서 미국의 군사적 교리와 전쟁 선전은 무슬림 (이슬람교도)을 겨냥하기보다는 이슬람 근본주의와의 싸움에 입각해 있었다. 그들은 이 싸움이 서구와 이슬람 사이의 전쟁이 아니라 테러와의 전쟁이라는 신화를 선전했다. 이른바 '좋은 무슬림들'은 '나쁜 무슬림들'과 구별되어야 한다는 것이다.

> 쌍둥이 빌딩의 붕괴로부터 떨어진 먼지는 2001년 9월 11일 가라앉지 않았다. 그 날, '온건한 무슬림들' ― 대답을 줄 사람들, 이 잔학행위로부터 거리를 두고 '무슬림 극단주의자들', '이슬람 근본주의자들' 및 '이슬람주의자들'을 비난할 사람들 ― 을 찾으려는 광적인 노력이 시작되었다. 2개의 구별되는 무슬림 범주가 곧바로 등장했다. 좋은 무슬림과 나쁜 무슬림, 즉 '온건파', '자유주의자', '세속주의자' 대 '근본주의자', '극단주의자', '이슬람주의자'의 구별이 그것이다.[1]

9·11이 일어나자 대부분의 서구 나라들에 있는 무슬림 공동체는 뚜렷하게 수세에 처했다. 좋은 무슬림과 나쁜 무슬림의 구분은 폭

---

1) Tariq Ramadan, "Good Muslim, Bad Muslim," *New Statesman,* February 12, 2010, http://www.newstatesman.com/religion/2010/02/muslim-religious-moderation.

넓게 받아들여졌다. 무슬림들에 의해 자행되었다고 주장된 9·11 테러공격이 비난받았을 뿐 아니라 무슬림 공동체들은 아프가니스탄에 대한 미국 - 나토의 공격과 점령을 이슬람 근본주의를 겨냥한 정당한 작전의 일부로 지지했다. 워싱턴의 목표는 무슬림 공동체 안에 죄의식을 주입하는 것이었다. 9·11 공격이 무슬림들에 의해 부추겨지지 않았다는 사실은 무슬림 공동체에 의해 거의 인정되지 않았다. 미 중앙정보국과 알카에다의 지속적인 관계, 소련 - 아프간 전쟁으로 거슬러 올라가는 미국 후원의 '정보자산'으로서 알카에다의 역할은 언급되지 않고 있다.[2]

1980년대 초 이래 워싱턴은 주로 중동과 중앙아시아의 세속적·민족적·진보적 운동들을 약화시키기 위해 이슬람의 가장 보수적이고 근본주의적인 분파들을 은밀히 지원해왔다.

알려지고 기록된 바와 같이, 사우디아라비아에서 온 근본주의인 와하비와 살라피 사절단들은 아프가니스탄만이 아니라 발칸 반도와 소련에 속했던 이슬람 공화국들에도 파견되었는데, 은밀하게 미국 정보기관의 지원을 받아왔다.[3] 흔히 '정치적 이슬람'으로 불리는 것은 대부분 (영국 M16[*]과 이스라엘 모사드[**]의 지원을 받은) 미국 정보기관의 작품이다.

정치적인 연막 아래 좋은 무슬림과 나쁜 무슬림의 구별은 폐기

2) Michel Chossudovsky, 2005, *America's "War on Terrorism,"* Global Research Publishers: Montreal, Chapter II.

3) 같은 책.

* 영국의 해외담당 정보기관.

** 이스라엘의 해외담당 정보기관.

되고 있는 중이다. 알카에다를 겨냥하여 9·11 벽두에 개시된 전 지구적인 테러와의 전쟁은 전면적인 '종교전쟁', 무슬림 세계를 향한 신성한 십자군으로 진화하고 있다. 서구 언론에 의해 지지되는, 무슬림에 대한 일반화된 인종주의와 혐오주의의 분위기가 특히 서구에서 펼쳐지고 있다. 그것은 미국의 전쟁의제에 대한 거짓 정당성을 제공한다. 미국의 전쟁의제는 '정의로운 전쟁'으로 옹호된다. 정의로운 전쟁론은 미국 전쟁 계획의 본질을 감추면서 침략자들에게 인간의 얼굴을 제공하고 있다.

이슬람 테러리스트들을 추적하는 것, '국토를 보호하기 위한' 전 세계에 걸친 선제공격이 군사의제를 정당화하기 위해 이용되고 있다. 전 지구적인 테러와의 전쟁은 문명의 충돌로, 경쟁하는 가치와 종교들 간의 전쟁으로 제시되고 있다. 실상 그것은 전략적·경제적 목표에 의해 인도되는 노골적인 정복전쟁인데도 말이다.

전 지구적인 테러와의 전쟁은 미 제국의 이데올로기적 근간이다. 그것이 테러리즘의 후원국들에 대한 핵무기의 선제적 사용을 포함하는 미국 군사 독트린을 규정한다. 이 선제적 방어전쟁 독트린과 알카에다에 대한 테러와의 전쟁은 2002년 초에 정식화된 미국 국가안보전략의 핵심적인 구성요소들이다. 그 목표는 2가지 범주의 적들, 즉 대량살상무기를 보유했다고 주장되는 불량국가들과 이슬람 테러리스트들에 대항하는 이른바 자기방어 논리에 따라 '선제적인 군사행동'으로 나아가도록 선동하는 것이다.

시민들의 죽음에 책임이 있다고 주장되는 '외부의 적'과 악당의 논리가 상식을 압도하고 있다. 미국인들의 내면 의식에서 2001년 9월 11일 공격은 전쟁과 정복의 행위들을 정당화한다.

2001년 9월 11일 희생들이 보여주듯이, 다수 시민의 사상(死傷)이 테러리스트들의 특정 목표이고, 이러한 희생은 테러리스트들이 대량살상무기들을 획득하고 사용할 경우 기하급수적으로 더욱 심각해질 것이다.[4]

점점 종교전쟁으로 옹호되는 전 지구적인 테러와의 전쟁은 건강과 교육뿐 아니라 사실상 모든 범주의 공공지출의 희생을 대가로 한 거대한 방위예산을 정당화한다.

중앙아시아와 중동에서의 미국의 십자군 전쟁

전 지구적인 테러와의 전쟁은 신형 무기체계를 이용할 것으로 여겨지는 테러리스트들을 추적할 것을 요구한다. 그것은 악마에 대한 선제적이고 유사-종교적인 십자군을 옹호한다. 이는 군사행동의 진짜 목표를 흐리게 만드는 데 기여한다. 9·11에 가로놓인 거짓말들은 알려지고 기록되어 있다. 악마에 대한 이 십자군을 미국 국민들이 받아들이는 것은 사실에 대한 합리적인 이해나 분석에 근거하지 않는다. 미국의 종교재판은 미국의 영향권을 확대하고, 군사적 행동을 이슬람 테러리스트들에 대한 작전의 일환으로 정당화하기 위해 이용된다. 그것의 궁극적인 목표는 언론 보도에는 결코 언급되지 않지만 영토적 정복과 전략적 자원에 대한 통제이다.

2001년 9월에 개시된 전 지구적인 테러와의 전쟁의 목표는 충격요법을 써서 이단자에 맞서는 범세계적인 전쟁에 대한 대중적 지

---

4) National Security Strategy, The White House: Washington DC.

지를 얻어내는 것이다. 악마에 대한 미국의 작전은 워싱턴의 신보수주의 싱크탱크들에 의해 명확하게 표현되고 주의 깊게 정식화되어왔다. 이는 군사 - 정보기관들에 의해 수행되고 있다. 그것은 대통령의 연설과 기자회견에 담겨진다.

우리는 이 세계에 악인들이 존재한다는 경고를 들어왔다. 우리는 매우 생생하게 그런 경고를 들어왔다 ……. 그리고 우리는 경계를 늦추지 않을 것이다. 당신의 정부는 경계하고 있다. 주지사와 시장들은 악마들이 저기 도사리고 있음에 경계를 늦추지 않고 있다. 어제 이야기했듯이, 사람들은 미국에 대한 전쟁을 선언했고 엄청난 실수를 저질렀다 ……. 나의 정부는 해야 할 일이 있고 그것을 하려고 한다. 우리는 이 악인들의 세상을 제거할 것이다.[5]

여론의 관점에서는 전쟁을 도발하기 위한 '정의로운 명분'을 확보하는 것이 중요하다. 전쟁은 도덕적, 종교적 또는 윤리적 토대 위에서 벌어진다면 정당하다고 이야기된다.

중앙아시아와 중동에서 벌이는 미국의 십자군 전쟁도 예외가 아니다. 테러와의 전쟁은 미국 국토를 방어하고 '문명 세계'를 보호하기 위한 것으로 주장된다. 이는 종교전쟁, 문명의 충돌로 옹호된다. 사실 이 전쟁의 주요 목표는 그 지역의 풍부한 석유 자원에 대

5) George W. Bush, CNN, September 16, 2001. 강조는 필자.

한 통제와 기업 소유권을 확보
하기 위한 것이며, 다른 한편
으로는 국제통화기금(International
Monetary Fund: IMF)과 세계은행
(World Bank)의 조종 아래서 국
유 기업들을 민영화하고 그 나라들의 경제적 자산을 외국 자본의
손아귀에 넘기는 것을 강제하는 데 있다.

정의로운 전쟁론은 전쟁을 '인도주의적 작전'으로 옹호한다. 그
것은 군사작전의 진정한 목표들을 감추는 대신 침략자들에게 도덕
적이며 원칙에 따른다는 이미지를 제공하는 데 기여한다.

전쟁을 벌이기 위한 정의로운 명분을 확보하는 것은 아프가니스
탄과 이라크 침공에 대한 부시 행정부의 정당화에 중심적이었다.
미국 군사학교에서 가르쳐지는 현대적 버전의 정의로운 전쟁론은
미국 군사 독트린에 각인되어왔다. 테러와의 전쟁과 선제공격 관
념은 자기방어의 권리에 입각하고 있다. 그것들은 '전쟁을 벌이는
것이 허용되는 경우', 즉 '전쟁할 권리(jus ad bellum)'를 규정한다.

전쟁할 권리는 군 지휘구조 내에서 컨센서스를 구축하는 데 기
여한다. 그것은 또한 병사들에게 적은 '악마'이며 자신들은 정의로
운 명분을 위해 투쟁하고 있다는 확신을 주는 데 기여한다. 더 일반
적으로, 현대적 버전의 정의로운 전쟁론은 전쟁 선전과 미디어 거
짓 정보 유포의 불가결한 일부로 전쟁의제에 대한 대중적 지지를
얻는 데 적용된다. 그 목표는 공포를 주입하고 다음 단계의 미국의
장기 전쟁에 대한 시민들의 변함없는 지지를 조성하여 이용하는
데 있다. 이 장기 전쟁의 다음 단계는 미디어에 의해 테러리스트들

을 지지하고 있는 것으로 그려지는 이란 이슬람 공화국에 대한 '인
도주의적' 공습을 감행하는 것이다. '모든 무슬림들이 테러리스트
는 아니지만' (계획되거나 실행된) 모든 테러 공격들은 무슬림에 의
해 저질러진 것으로 보도되고 있다.

　미국에서는 무슬림 공동체 전체가 표적이 되고 있다. 이슬람은
'전쟁의 종교'로 묘사된다. 그라운드 제로(세계무역센터가 있던 자
리) 가까이에 계획된 모스크(이슬람교 사원)나 공동체 센터는 '그라
운드 제로의 신성함을 모독하는' 것으로 여겨지고 있다.

　　그라운드 제로에 모스크를 여는 것은 이 도시(뉴욕)와 그 공격에서 죽
　　어간 사람들에 대한 모독이며 무례이다. 이 계획은 '9·11 때 살해당한
　　모든 이들의 얼굴에 침을 뱉는 행위'이다.6)

'본토에서 자란 테러리스트들'

　날조된 혐의자들에 대한 체포와 '본토에서 자란' 이슬람 테러리
스트들에 대한 여론조작용 재판은 중요한 기능을 수행했다. 그것
들은 미국인들의 내면 의식에서 이슬람 테러리스트들이 실제적 위
협이 될 뿐 아니라 그들이 속하는 무슬림 공동체들이 그들의 행동
을 광범위하게 지지하고 있다는 환상을 지속시킨다.

---

6) Jodi Lai, "Plan to build mosque at Ground Zero angers New Yorkers," *National
　Post*, May 17, 2010, http://news.nationalpost.com/2010/05/17/plan-to-build-mosque
　-at-ground-zero-angers-new-yorkers/.

위협은 점점 서툰 영어와 의심쩍은 여권을 가진 이방인들로부터 오고 있지 않다. 대신 위협은 본토에 훨씬 가까이 자리잡고 있다. 도시 연립주택들, 어두운 지하실 등 인터넷이 연결된 곳이면 어디든지에 있는 것이다. 본토에서 자란 테러리즘은 알카에다 위협의 최신판 모습이다.[7]

급진적 경향을 가진 (또는 '테러리스트 조직들'과 연계되어 있다고 주장되는) 무슬림들을 선택적으로 겨냥하는 과정으로부터, 이제는 전체 인구집단에 대한 전반적인 악마화 과정이 펼쳐지고 있다. 무슬림들은 점점 일상적인 범죄화와 인종적 인물평의 대상이 되고 있다. 위협은 '본토에 훨씬 가까이 있는' 것으로 이야기된다. 다시 말해, 전개되고 있는 것은 스페인 종교재판을* 떠오르게 하는 전면적 마녀사냥이다.

한편 알카에다는 수많은 무슬림 나라들에 '자회사들'을 거느린 (대량살상무기를 보유한) 강력한 다국적 테러조직으로 그려진다. 다

---

7) Andrew Duffy, "How terror came home to roost," *Ottawa Citizen,* August 27, 2010, report on an alleged homegrown terrorist attack in Canada, http://www.ottawacitizen. com/news/Analysis+terror+came+home+roost/3452693/story.html.

* 1478년부터 스페인 왕국에서 있었던 종교재판이다. 14세기까지 이베리아 반도는 이슬람을 믿는 무어인의 지배하에 있었지만 종교적인 관용이 보장되는 다종교사회였다. 그러나 7세기 이후 계속된 이른바 고토회복운동을 통해 가톨릭 왕국이 된 스페인은 왕권 강화와 경제적 약탈을 목적으로 교황으로부터 독자적으로 종교재판을 열 수 있는 권리를 획득했다. 초기에는 주로 유대인을 대상으로 1480년에서 1530년까지 다양한 장소에서 다양한 이유로 약 2,000여 회의 처형이 이루어졌으며, 나중에는 개신교도들과 '거짓 개종'한 이슬람교도들도 희생양이 되었다. 이 종교재판은 1834년 이사벨 2세에 의해 공식적으로 중단되었다.

양한 지정학적 분쟁 지대와 전쟁지구들에 (그에 상응하는 약어들을 가지고) 현존하고 있다는 것이다. 이라크 알카에다(AQI), (사우디아라비아 알카에다와 예멘 이슬람 지하드로 구성된) 아라비아 반도 알카에다(AQAP), 동남아시아 알카에다(자마흐 이슬라미야흐), 이슬람 마그레브 알카에다 조직, 소말리아의 하라카트 알-샤하브 무자히딘, 이집트 이슬람 지하드 등이 그것이다.

이라크와 아프가니스탄의 수백만 명의 무슬림에게 가해진 잔학 행위 문제는 단 한 번도 점령군에 의한 테러로 고려되지 않았다.

미국식 종교재판

종교전쟁은 전 지구적인 십자군 전쟁을 정당화하기 위한 목적으로 펼쳐지고 있다. 무슬림에 대한 저 '신성한 십자군 전쟁'은 많은 미국인들의 내면 의식 속에 정당화되었다. 오바마 대통령은 종교의 자유를 옹호할지 모르지만 미국의 종교재판식 사회질서는 무슬림에 대한 차별과 선입견, 혐오증의 양식들을 제도화해왔다. 인종적 인물평은 여행, 구직시장, 교육과 사회서비스에 대한 접근, 그리고 더 일반적으로 사회적 신분과 이동성에 적용된다.

미국의 종교재판은 여러 측면에서 중세 프랑스와 스페인을 지배했던 종교재판적 사회질서와 유사한 이데올로기적 구성물이다. 12세기 프랑스에서 시작된 종교재판은 정복과 군사적 개입의 명분으로 이용되었다.[8]

---

8) Michel Chossudovsky, "9/11 and the 'American Inquisition'," Global Research, September 11, 2008, http://www.globalresearch.ca/index.php?context=va&aid=10144

이른바 (미국 무슬림 공동체로부터) 본토에서 자라난 테러리스트들에 대한 날조된 혐의에 입각한 체포·재판과 그에 따른 판결들은 국토안보국가와 그 종교재판적 사법 및 법률 시행기관들의 정당성을 지탱한다.

종교재판적 교리는 진실을 뒤집는다. 그것은 거짓과 날조에 기반한 사회질서이다. 그러나 이러한 거짓들은 최고위의 정치권력에서 흘러나오며 광범위하게 지지되는 컨센서스의 일환이기 때문에 변함없이 도전받지 않은 채 남아 있다. 그리고 이 종교재판적 사회질서에 도전하거나 어떤 방식으로든 미국의 군사 또는 국가안보의제에 반대하는 사람들은 음모 이론가들이나 확실한 테러리스트로 낙인찍힌다.

워싱턴의 초사법적 암살 계획

종교재판적 체포·기소 과정을 뛰어넘어 백악관에 의해 승인된 자의적인 초사법적 암살 계획이 착수되었다. 스페인 종교재판조차 무색케 하는 이 계획은 미국의 특수부대가 미국 시민과 본토에서 자라난 테러리스트 혐의자들을 살해할 수 있도록 허용한다.[9]

종교재판의 정당성은 의문시되지 않는다. 그 목표는 미국이 위험에 처해 있고 전국의 무슬림들이 '이슬람 테러리즘'에 공모하고

참조.

9) Chuck Norris, "Obama's US Assassination Program? 'A Shortlist of U.S. Citizens Specifically Targeted for Killing?'" Global Research, August 26, 2010, http://global research.ca/index.php?context=va&aid=20779 참조.

협조하고 있다는 환상을 유지하는 것이다. 무슬림의 악마화는 전 지구적인 군사의제를 지탱한다. 미국식 종교재판 아래서 워싱턴은 이슬람을 박멸하고 전 세계에 '민주주의를 확산시키는' 신성한 권한을 자임했다.

우리가 문제 삼는 것은 권력과 정치적 권위 구조를 전적으로, 그리고 맹목적으로 받아들이는 것이다. 무슬림 세계에 대한 미국의 신성한 십자군 전쟁은 수백만 명의 인민에 대한 노골적인 범죄행위이며 그것은 경제적 정복 전쟁이다.

석유를 위한 전쟁

세계 석유와 천연가스의 60% 이상이 무슬림 영토에 매장되어 있다. 미국 - 나토 - 이스라엘 군사동맹이 벌인 석유를 위한 전쟁은 이렇게 막대한 양의 석유와 천연가스가 묻혀 있는 나라 주민들의 악마화를 필요로 한다.[10] 이란은 세계 석유와 천연가스 매장량의 10%를 보유하고 있다. 미국은 세계 최고의 군사 및 핵 강국이지만 세계 석유와 가스 매장량의 2% 미만만을 보유하고 있다.

테러와의 전쟁과 무슬림을 향한 증오 캠페인은 '중동 석유를 위한 전쟁'과 직접적으로 관련되어 있다. 무슬림들이 거주하는 나라들에 자리한 이들 거대한 석유 매장량을 어떻게 확보할 수 있을까? 무슬림 나라들에 반대하는 정치적 컨센서스를 구축하고 그들을

---

10) Michel Chossudovsky, "The Demonization of Muslims and the Battle for Oil," Global Research, January 4, 2007, http://globalresearch.ca/index.php?context=va &aid=4347 참조.

'미개한' 자들로 묘사하라. 그들의 문화와 종교를 폄하하라. 그리고 이들 석유 생산국들의 주민들에 대한 증오와 인종주의를 고취하라.

이슬람의 가치들은 이슬람 테러리즘과 결부되어 있다고 이야기된다. 서구 정부들은 이제 '서구에 테러리즘을 수출한다'고 이란을 비난하고 있다. 전 영국 총리 토니 블레어의 말에 따르면,

중동에는 종교적 열광과 정치적 억압의 혼합으로부터 유래하는 극단주의의 바이러스가 있다. 이는 지금 나머지 세계로 수출되고 있다. 우리는 그 문제의 모든 측면을 모두 처리해내야만 우리의 미래를 보장하게 될 것이다. 우리의 미래 안보는 이 지역의 안정성을 해결하는 데 달려 있다. 당신은 이러한 상황들 중 어떤 것에 대해서도 아니라고 말할 수 없다.11)

무슬림들은 악마화되고, 무심코 핵 위협이 되는 것으로 그려지는 이슬람 테러리스트들과 동일시된다. 한편 테러리스트들은 (보유하고 있지 않은) 치명적인 핵무기로 문명 세계를 위협하는 이슬람 공화국 이란의 지원을 받고 있다. 대조적으로 미국의 인도주의적 핵무기들은 '정확하고 안전하며 신뢰할 수 있는' 것이다.

중동과 중앙아시아 지역에서 미국이 주도하는 전쟁은 세계 석유와 천연가스 60% 이상의 매장량에 대한 통제를 획득하기 위한 것이다. 또한 영·미계 거대 석유기업들은 이 지역으로부터 연결되는 석유 및 가스 파이프라인 경로에 대한 통제력 확보를 목표로 하고

---

11) *The Mirror*, London, February 7, 2006에서 인용.

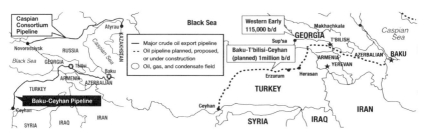

Energy Information Administration. 파이프라인에 대한 작전의 구체적인 내용들에 대해서는 http://www.bakuceyhan.org.uk/moreinfo/bp pipeline.htm 참조.

있다(87쪽 지도와 91쪽 표 참조). 사우디아라비아, 이라크, 이란, 쿠웨이트, 아랍에미리트 연방, 카타르, 예멘, 리비아, 나이지리아, 알제리, 카자흐스탄, 아제르바이잔, 말레이시아, 인도네시아, 브루나이와 같은 무슬림 나라들은 추정 자료와 방법에 따라 전체 석유 매장량의 66.2% 내지 75.9%를 보유하고 있다(<표 3-1> 참조).

이에 비해 미국은 가까스로 전체 석유 매장량의 2%를 가지고 있다. 주요 석유생산국들(캐나다, 미국, 노르웨이, 영국, 덴마크, 오스트레일리아)들을 포함한 서구 나라들은 전체 석유 매장량의 약 4%를 통제하고 있다. ≪오일 & 가스 저널(Oil & Gas Journal)≫이 제시한 대안적인 추정치에서는 이 비율이 캐나다의 유사(油砂; oil sands)를 포함하여 대략 16.5%일 것으로 보고 있다(<표 3-1> 참조).

세계 석유 매장량의 가장 큰 몫은 예멘의 끝자락에서부터 (북쪽으로) 카스피 해 유역까지, 그리고 지중해 동쪽 해안으로부터 (동쪽으로) 페르시아 만에 이르는 지역에 있다. 미국 주도의 테러와의 전쟁의 전구인 이 중동 - 중앙아시아 지역은 ≪월드 오일(World Oil)≫의 추정치에 따르면 세계 석유 매장량의 60% 이상을 아우르고 있다(<표 3-1> 참조).

이라크는 미국보다 5배 많은 석유를 보유하고 있고, 무슬림 나라들은 서구 나라들을 합친 것보다 최소 16배 많은 양의 석유를 보유하고 있다. 주요 비무슬림 석유 매장국들은 베네수엘라, 러시아, 멕시코, 중국, 브라질 등이다.

악마화는 세계 석유 매장량의 3/4을 보유하고 있는 적에게 적용된다. '악의 축', '불량국가', '실패한 나라', '이슬람 테러리스트' 등과 같은 악마화와 비방은 미국의 테러와의 전쟁을 뒷받침하는 이데올로기적 기둥들이다. 그것들은 석유를 위한 전쟁을 감행하는 명분으로 기여한다.

석유를 위한 전쟁은 석유를 보유하고 있는 나라들에 대한 악마화를 필요로 한다. 민간인들에 대한 대량살상을 포함한 군사행동을 정당화하기 위해 적들은 악마로 특징지어진다. 중동 및 중앙아시아 지역은 심하게 군사화되어 있다. 석유 생산지들은 지중해 동부에 주둔해 있는 나토의 전함들과 페르시아 만과 아라비아 해에 테러와의 전쟁의 일환으로 배치되어 있는 미국의 항모타격군단, 구축함대들에 포위되어 있다. 그 궁극적인 목적은 군사행동과 비밀 첩보작전, 전쟁 선전 등을 결합하면서 민족적 구조들을 해체시키고 주권국가들을 개방된 경제 영토 — 자연자원이 '자유시장'의 감독하에 수탈, 몰수될 수 있는 — 로 변형시키는 것이다. 이러한 통제는 전략적인 석유 및 가스 파이프라인 통로들(예컨대 아프가니스탄)로도 이어진다.

악마화는 여론을 장악하고 전쟁에 우호적인 컨센서스를 구축하기 위한 심리전이다. 심리전은 미국 펜타곤과 정보기관의 직접적인 후원하에 이루어진다. 그것은 무슬림 국가들의 통치자들을 암살하거

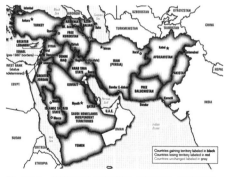

위 지도는 펜타곤의 공식적인 독트린을 반영하지는 않지만 나토 방위대학의 고위 장교를 위한 훈련 프로그램에서 이용되어왔다. 다른 비슷한 지도와 마찬가지로 이 지도는 국립전쟁아카데미와 군사계획 써클 등에서 이용되었을 가능성이 매우 높다.

나 처형하는 것에 국한되지 않는다. 그것은 인구 전체로 확대되는 것이다. 그것은 또한 서유럽과 북미에 있는 무슬림들도 겨냥한다. 그것은 침략자들에 저항할 수 있는 민족적 의식과 역량을 파괴하는 것을 추구한다. 그것은 이슬람을 폄하한다. 그것은 사회적 분열을 만들어낸다.

그것은 민족적 사회들을 분열시키고 궁극적으로 '내전'을 촉발한다. 그것은 그 나라들에 있는 자원을 노골적으로 전유하기에 용이한 환경을 만들기도 하지만 동시에 잠재적으로 반발을 불러일으키고, 새로운 민족적 의식을 창출하며, 민족 간 연대를 발전시키고, 인민들이 함께 침략자에 맞서 싸우도록 만들기도 한다.

분파적인 분열과 '내전들'을 촉발하는 것이 중동의 지도를 다시 그리는 과정에서 숙고되고 있음을 주목할 필요가 있다. 이 과정에서 나라들은 쪼개져 지역들로 변형되도록 계획되고 있다. 새로운 중동을 그린 지도가 비공식적으로 미국 국립전쟁아카데미에서 활용되어왔다. 그것은 최근 ≪군대저널(Armed Forces Journal)≫(2006년 6월)에서 출간되었다. 이 지도에서는 민족국가들이 쪼개져 있다. 국경선들은 분파 - 종족의 선을 따라, 대체로 영·미계 거대 석유기업들의 이해관계에 따라서, 재규정되어 있다(88쪽 지도 참조). 이 지도는 고위 군 장교들을 위한 '나토 방위대학'의 훈련 프로그램에서

이용되어왔다.[12]

석유는 무슬림 국토들에 있다

석유는 무슬림 국토들에 있다. 적에 대한 비방은 유라시아 에너지 지정학의 불가결한 일부이다. 이는 세계 석유와 가스 매장량의 지리적 분포와 직접적인 함수관계에 있다. 만약 석유가 불교도나 힌두교도가 지배하는 나라에 있었다면 예상컨대 미국의 외교정책은 불교도나 힌두교도를 향했을 것이고 그들 또한 비방의 대상이 되었을 것이다.

중동의 전구에서 악의 축의 일부인 이란과 시리아는 미국이 공식적으로 선언하고 있는 다음 표적들이다. 또한 미국이 지원하는 내전들이 체첸을 비롯한 옛 소련의 여러 공화국들은 물론이고 나이지리아, 수단, 콜롬비아, 소말리아, 예멘, 앙골라 등을 포함하여 다른 여러 전략적 석유 및 가스 생산지들에서 수행되어왔다. 미국이 지원하여 진행 중인 내전들은 흔히 불법 무장단체들에 대한 비밀지원을 포함하는데, 소말리아는 물론 수단의 다푸르(Darfur) 지역에서도 촉발되어왔다. 다푸르는 광범위한 석유 매장량을 보유하고 있다. 소말리아에서는 고수익을 보장하는 권리가 4개의 영·미계 거대 석유기업에 넘어갔다.

12) Mahdi Darius Nazemroaya, "Plans for Redrawing the Middle East: The Project for a 'New Middle East'," Global Research, November 18, 2006, http://www.global research.ca/index.php?context=va&aid=3882 참조.

≪타임스(The Times)≫가 확보한 문서들에 따르면 1991년 1월 소말리아의 친미 대통령 모하메드 시아드 바레가 전복되고 나라가 대혼돈에 빠지기 직전 마지막 해에 소말리아의 거의 2/3가 미국 거대 석유기업인 코노코, 아모코(현재는 브리티시 석유의 일부인), 쉐브론, 필립스에 배분되었다. 산업계 정보원에 따르면 가장 유망한 영업권들을 확보하고 있는 회사들은 소말리아에 원조 선박들을 보호하기 위해 군대를 파견하는 부시 행정부의 결정이 그곳의 수백만 달러의 투자들을 보호하는 데 도움을 줄 것으로 희망하고 있다.[13]

전 지구화와 세계 에너지 자원 정복

이슬람에 대한 비방을 포함하여 전 세계적으로 적용되는 무슬림들에 대한 집단적인 악마화는 이데올로기적 수준에서는 세계의 에너지 자원에 대한 정복의 도구가 된다. 그것은 신세계질서의 기저에 있는 더욱 광범위한 경제적·정치적 메커니즘의 일환이다.

13) Raceandhistory.com, "America's interests in Somalia: Four major U.S. oil companies are sitting on a prospective fortune in exclusive concessions," first published on raceandhistory.com, December 6, 2001, Global Research, January 3, 2007, http://www.globalresearch.ca/index.php?context=viewArticle&code=2007 0103&articleId=4342.

<표 3-1> 입증된 석유 매장량

순위	나라	세계매장량 중 퍼센트	《월드 오일》 2004년 12월	세계 매장량 중 퍼센트	《오일&가스 저널》 2006년 1월
1	사우디아라비아	24.2	262.1	20.6	266.8
2	캐나다	0.4	4.7	13.8	178.8
3	이란	12.1	130.8	10.3	132.5
4	이라크	10.6	115.0	8.9	115.0
5	쿠웨이트	9.2	99.7	7.9	101.5
6	아랍에미리트	6.5	69.9	7.6	97.8
7	베네수엘라	4.8	52.4	6.1	79.7
8	러시아	6.2	67.1	4.6	60.0
9	리비아	3.2	33.6	3.0	39.1
10	나이지리아	3.4	36.6	2.7	35.9
11	미국	2.0	21.4	1.7	21.4
12	중국	1.4	15.4	1.4	18.3
13	카타르	1.8	20	1.2	15.2
14	멕시코	1.4	14.8	1.0	12.9
15	알제리	1.4	15.3	0.9	11.4
16	브라질	1.0	11.2	0.9	11.2
17	카자흐스탄	0.8	9.0	0.7	9.0
18	노르웨이	0.9	9.9	0.6	7.7
19	아제르바이잔	0.6	7.0	0.5	7.0
20	인도	0.5	4.9	0.4	5.8
21	오만	0.4	4.8	0.4	5.5
22	앙골라	0.8	9.0	0.4	5.4
23	에콰도르	0.5	5.5	0.4	4.6
24	인도네시아	0.5	5.3	0.3	4.3
25	영국	0.4	3.9	0.3	4.0
26	예멘	0.3	3.0	0.3	4.0
27	이집트	0.3	3.6	0.3	3.7
28	말레이시아	0.3	3.0	0.2	3.0
29	가봉	0.2	2.2	0.2	2.5
30	시리아	0.2	2.3	0.2	2.5
31	아르헨티나	0.2	2.3	0.2	2.3
32	적도 기니	0.2	1.8	0.0	0.0
32	콜롬비아	0.1	1.5	0.1	1.5
33	베트남	0.1	1.3		0.6

34	차드	0.0	0.0	0.1	1.5
35	호주	0.3	3.6	0.1	1.4
36	브루나이	0.1	1.1	0.1	1.4
37	덴마크	0.1	1.3	0.1	1.3
38	페루	0.1	0.9	0.1	1.0
이슬람 나라들 전체		75.9	822.1	66.2	855.6
서구(EU, 북미, 호주)		4.1	44.8	16.5	213.3
그 외 나라들		20.6	214.9	17.3	223.6
세계 전체		100.0	1,081.8	100.0	1,292.5

출처: 에너지정보국(EIO), 표 아래 주 참조.

- 표시된 나라들은 세계의 주요 석유 매장국들이다. 전체 매장량의 0.1% 미만을 보유하고 있는 나라는 표시되지 않았다.
- 위에 표시된 ≪오일 & 가스 저널≫의 수치들은 역청 유전(유사 또는 역청사암)을 포함하는 입증된 석유 매장량이다. ≪월드 오일≫의 수치들은 역청사암을 제외한 것이다. 두 종류 수치들 간의 차이는 주로 캐나다와 베네수엘라의 위치와 관련되어 있다. 매우 뜨거운 논쟁의 대상이긴 하지만 역청사암의 경우 일부 전문가들은 현재의 기술과 가격으로 채굴할 수 없다고 본다.
- 이슬람 나라들은 고딕체로 표시되어 있으며 퍼센티지는 소수 첫째자리까지로 반올림되어 있다.

※ 이 추정치에 따르면 캐나다는 역청 유전의 규모로 입증된 매장량의 견지에서 제2위의 나라로 나타난다. ≪오일 & 가스 저널≫의 캐나다 매장량 추정치는 4.7백만 배럴의 통상적인 원유 및 콘덴세이트(초경질 원유) 매장량과 1,741억 배럴의 유사 매장량을 포함한다. 유사가 포함되지 않은, 다른 인정된 추정치에서 캐나다의 매장량은 훨씬(수십억 배럴) 낮아서 그 해에는 각각 다음과 같다. *BP Statistical Review*: 16.802 / *Oil & Gas Journal*: 178.792 / *World Oil*: 4.700

※ 브리티시 석유(BP)는 "캐나다 석유 매장량은 '적극적으로 개발 중인' 캐나다 유사에 대한 공식적인 추정치를 포함한다"고 언급하고 있다(*BP Statistical Review of World Energy*, 2006, http://www.investis.com/bp_acc_ia/stat_review_05/htdocs/reports/report_1.htmll 참조). BP는 석유 매장량 자료원들에 대해 "이 표에서의 추정치들은 석유수출국기구(OPEC) 사무국, ≪월드 오일≫, ≪오일 & 가스 저널≫과 공공영역의 정보에 근거한 러시아 매장량의 독자적인 추정치 등으로부터의 1차 공식 자료와 제3자 자료를 결합한 것"이라고 말하고 있다(BP Website, http://www.bp.com/sectiongenericarticle.do?categoryId=9023809&contentId=7044537_참조).

※ ≪월드 오일≫의 캐나다 석유 매장량 추정치는 "1,740억 배럴의 유사 매장량을 포함하지 않는다."[14]

....

14) 같은 글.

4 제3차 세계대전을 준비한다

인류는 위험한 갈림길에 서 있다. 이란을 공격하기 위한 전쟁준비가 막바지 상태에 이르렀다. 핵탄두를 위시한 첨단무기 체계가 전면적으로 배치되었다.

이 군사적 모험은 1990년대 중반 이래 펜타곤의 기획에 들어 있었다. 기밀해제된 1995년 미국 중부사령부 자료에 따르면 첫 번째가 이라크, 그 다음이 이란이다.

단계적 확전은 이 군사의제의 일부이다. 이란이 시리아, 레바논과 함께 다음 표적이지만 이 전략적 배치는 북한, 중국, 러시아도 겨누고 있다.

2005년 이래, 미국과 그 동맹국들 — 나토 협력국들과 이스라엘을 포함한 — 은 신형 무기체계를 광범위하게 배치하고 비축해왔다. 미국 - 나토회원국들과 이스라엘의 방공체계들은 완전히 통합되었다. 이것은 펜타곤과 나토, 이스라엘 방위군(IDF)의 조율된 노력의 결과이고, 여기에는 여러 비(非)나토 협력국들 — 최일선에 있는 아랍국가들(나토의 '지중해 대화'* 및 '이스탄불 협력 이니셔티브'**의 회원

---

* 지중해 지역 비나토 나라들의 협의체. 나토는 지중해 지역 안보와 우호관계를 증진하기 위해 1994년 지중해 지역 비나토 나라들인 이집트, 이스라엘, 요

국들), 사우디아라비아, 일본, 남한, 인도, 인도네시아, 싱가포르, 호주 등
을 포함한 ― 의 적극적인 군사적 관여가 결부되어 있다.

나토는 28개 회원국들로 구성되어 있다. 또 다른 21개 나라들은
'유럽 - 대서양 동반자관계이사회(EAPC)'***의 회원국이다. '지중해
대화'와 '이스탄불 협력 이니셔티브'는 10개의 아랍 국가들과 이스
라엘을 포함하고 있다.

포스트-9·11 군사 독트린에서 이러한 군사적 하드웨어의 대규모
적인 배치는 이른바 테러와의 전쟁의 일부로 정의되어왔다. 이 테
러와의 전쟁은 알카에다와 같은 '비(非)국가 테러조직들'과 이란,
시리아, 레바논, 수단을 포함하는 이른바 '테러지원국'을 겨냥하고
있다. 새로운 미국 - 나토 군사기지들의 설립, 전술 핵무기를 포함
한 신형 무기체계의 비축 따위가 선제적 방어 군사독트린의 일부
로, 그리고 나토의 새로운 2010 전략개념[1]의 맥락에서 실행되었다.

이집트와 걸프 국가들, 사우디아라비아의 (확장된 군사동맹 안에

르단, 모리타니, 모로코, 튀니지, 알제리 등 7개국을 대화상대국으로 선정했
다.

** 테러와의 전쟁 및 대량살상무기 확산방지를 위한 중동 지역과의 안보협력
을 목적으로 2004년 나토 주도로 설립되었다. 바레인, 쿠웨이트, 카타르, 아
랍에미리트 등 4개국이 참가하고 있다.

*** 1997년 나토 동반자국(평화를 위한 동반자관계 회원국)과 위기관리, 평화
유지, 지역안보, 군비통제, 방위정책-전략, 비상사태 대비계획, 과학협력,
대량살상무기 확산금지 등의 협의를 위해 창설된 협의체. 나토 회원국들과
나토 동반자국들인 49개국으로 구성되어 있다.

1) Hans M. Kristensen, "NATO Strategic Concept: One Step Forward and a Half Step
Back."

서의) 역할은 특히 중요하다. 이집트는 수에즈 운하를 통한 전함과 유조선의 통행을 관장하고 있다. 사우디아라비아와 걸프 국가들은 페르시아 만의 남서해안선들과 호르무즈 해협, 오만 만을 장악하고 있다.

2010년 6월 이란에 대한 유엔 안전보장이사회(United Nations Security Council: UNSC)의 새로운 제재 결정에 따라 이집트는 '이란에 대한 명백한 신호로서' 이스라엘과 미국의 군함이 수에즈 운하를 통과하도록 허용했다. "(2010년 6월 사우디아라비아는) 이스라엘에게 자신의 영공을 비행할 수 있는 권리를 부여했다."[2]

미디어 허위정보 유포

미디어 선전에 놀아나고 있는 여론은 (전면전이라기보다는) 이란의 핵시설을 겨냥한 일회적인 '징벌' 작전으로 옹호되고 있는 대이란 작전의 있음직한 결과들에 대해 암묵적인 지지를 보내거나 무관심하거나 혹은 무지하다. 전쟁준비는 미국과 이스라엘에서 생산된 핵무기들의 배치를 포함한다. 이러한 맥락에서 핵전쟁의 가공할 귀결들은 사소한 것처럼 취급되거나 언급조차 되지 않고 있다.

미디어와 정부들에 따르면 인류를 위협하는 '진정한 위기'는 전쟁이 아니라 지구온난화이다. 미디어는 위기가 없는 곳에서 위기, 즉 H1N1(신종플루) 전염 따위의 지구적인 소동을 조작할 것이다.

---

2) Muriel Mirak Weissbach, "Israel's Insane War on Iran Must Be Prevented," Global Research, July 31, 2010, http://www.globalresearch.ca/index.php?context=va&aid=20383.

그러나 그 누구도 미국 주도의 핵전쟁을 두려워하지 않는 듯하다.

이란과의 전쟁은 여러 가지 이슈들 중에서 하나로 여론에 나타나고 있다. 그것은 지구온난화처럼 '어머니 지구'에 대한 위협으로 보이지 않고 있고 그것은 1면 뉴스가 아니다. 이란에 대한 공격이 확전으로 이어지고 전 지구적인 전쟁을 유발할 수 있다는 사실은 관심사항이 되지 않는다.

이란에 대한 선제적 공습은 확전으로 이어질 것

현재 중동 - 중앙아시아 지역에는 3개의 분리된 전구가 있다. 이라크, 아프간 - 파키스탄, 팔레스타인이 그것이다. 이란이 동맹군들에 의한 선제적 공습의 목표가 된다면, 지중해 동부로부터 아프가니스탄과 파키스탄에 국경을 맞대고 있는 중국 서부전선까지 그 지역 전체가 불타오르게 될 것이다. 그것은 잠재적으로 우리를 제3차 세계대전의 시나리오로 이끌고 간다. 또한 그 전쟁은 레바논과 시리아로 확대될 것이다.

폭격이 실행된다면 미국 - 나토의 공식적인 언술처럼 이란의 핵시설로 제한될 가능성은 거의 없다. 더 가능성이 높은 쪽은 군사시설뿐만 아니라 민간의 사회간접시설, 교통체계, 공장, 공공건물들 모두에 대한 전면적인 공습이다.

이란은 지구상의 석유와 가스 매장량의 10%를 보유하고 있는 것으로 추정되며 이는 사우디아라비아(25%)와 이라크(11%)에 이어 세 번째로 많은 매장량이다. 이에 비해 미국은 지구 석유 매장량의 2.8% 미만을 보유하고 있으며 그 양은 200억 배럴 미만으로 추정된다. 중동과 중앙아
시아 일대에 묻혀 있는
석유는 미국 매장량의
30배 이상이며 전 세계
매장량의 60%를 차지한
다.[3]

　이란을 겨냥하는 것은
단지 이란의 석유와 가스 경제에 대한 미국의 통제를 재확립하려
는 것일 뿐 아니라 이 지역에서 중국과 러시아의 존재와 영향력에
대한 도전이기도 하다.

　이란에 대한 계획된 공격은 조율된 지구적 군사 로드맵의 일환
이다. 그것은 펜타곤의 장기 전쟁, 즉 이윤에 의해 추동된 국경 없
는 전쟁, 세계 지배 기획, 순차적인 군사작전들의 일환이다.

　미국 - 나토 군사 기획가들은 다양한 군사적 확전 시나리오들을
구상하고 있다. 그들은 또한 지정학적 함의, 즉 그 전쟁이 중동과
중앙아시아 지역을 넘어 확대될 수 있다는 것을 정확하게 인식하
고 있다. 석유시장에 대한 경제적 영향 역시 분석되어왔다.

　이란, 시리아, 레바논이 즉각적인 표적이지만 베네수엘라와 쿠
바는 말할 나위도 없고 중국, 러시아, 북한 역시 미국의 위협 대상
이다.

　문제는 군사적 동맹의 구조이다. 러시아와 중국 국경 바로 앞에
서 행해지는 군사훈련을 포함한 미국 - 나토 - 이스라엘의 군사력 배

3) Eric Waddell, "The Battle for Oil," Global Research, December 14, 2004, http://
　www.globalresearch.ca/articles/WAD412A.html 참조.

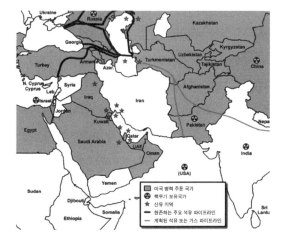

치는 예정된 이란에 대한 공격과 직접적으로 관련되어 있다. 이런 감추어진 위협들은 그 타이밍을 포함하여 냉전 시대의 강대국들에게 어떤 방식으로든 미국 주도의 대이란 공격을 침해할 수 있는 식으로 끼어들지 말라는 신호이다.

전 지구적인 전쟁

중기 전략목표는 이란을 표적으로 하고 무력외교를 통해 이란의 동맹국들을 중립화시키는 것이다. 장기적인 군사 목표는 직접적으로 중국과 러시아를 겨냥하고 있다.

이란이 즉각적인 표적이지만 군사적 배치는 중동과 중앙아시아에 국한되지 않는다. 하나의 전 지구적인 군사의제가 수립되어왔다. 미국과 그 협력국들의 동맹군과 신형 무기체계의 배치는 세계의 주요한 지역에서 동시에 이루어지고 있다. 기동훈련을 포함한 북한 앞바다에서의 미군의 행동은 전 지구적인 계획의 일환이다.

주요하게 러시아와 중국을 겨냥하여 미국과 나토, 동맹국들의 군사훈련, 기동훈련, 무기 배치 등등은 주요한 지정학적 요충지들에서 동시적으로 수행되고 있다.

- 중국을 위협하는 한반도, 동해, 대만해협, 남중국해
- 러시아를 위협하는 폴란드에의 패트리어트 미사일 배치와 체코 공화국에의 조기경보센터 배치
- 러시아를 위협하는 흑해의 불가리아, 루마니아에의 해군 배치
- 그루지아에서의 미국과 나토 병력 배치
- 이란을 겨냥한 이스라엘 잠수함 등 페르시아 만에의 가공할 해군 배치

지중해 동부, 흑해, 카리브 해, 중미, 그리고 남미의 안데스 지역 등이 동시다발적으로 군사화되고 있는 중이다. 남미와 캐리비안에서 그 위협들은 베네수엘라와 쿠바를 겨누고 있다.

미국의 '군사원조'

다른 한편으로는 미국의 군사원조라는 명목하에 선정된 국가들에게 대규모의 무기 이전이 진행되어왔다. 그 중에는 인도와의 50억 무기거래가 포함되는데, 이는 중국에 대항하는 인도의 군사능력을 구축하기 위한 것이다.[4]

이 군사거래는 워싱턴과 뉴델리 간의 결속을 향상시킬 것이고, 의도

4) "Huge U.S.-India Arms Deal to Contain China," *Global Times,* July 13, 2010, http://globalresearch.ca/index.php?context=va&aid=20116.

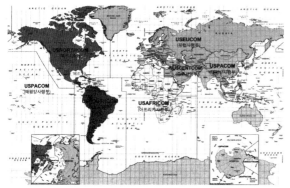

적이든 아니든 이 지역에서 중국의 영향력을 제약하는 효과를 가질 것이다.[5]

지역 전투사령관들의 관할구역으로 나누어진 세계.
출처: 국방부 홈페이지, 통합사령부 계획.

미국은 싱가포르, 베트남, 인도네시아를 포함한 다수의 동남아 국가들과 군사협력 협정을 맺고 있다. 이 협정들은 군사원조와 더불어 태평양 지역에서 미국 주도의 기동훈련(2010년 7~8월)을 수반한다. 이러한 협정들은 중화인민공화국을 겨냥한 무기 배치들을 지지한다.[6]

이와 비슷하면서 이란에 대한 전쟁 계획과 좀 더 직접적으로 결부된 것으로서, 미국은 페르시아 만의 이지스급 전함에 장착된 해상 스탠더드 요격 미사일-3과 더불어 지상요격 미사일, 패트리어트 미사일 PAC-3, 종말고고도방공미사일(THAAD) 등으로 걸프 국가들(바레인, 쿠웨이트, 카타르, 아랍에미리트)을 무장시키고 있다.[7]

---

5) Rick Rozoff, "Confronting both China and Russia: U.S. Risks Military Clash With China In Yellow Sea," Global Research, July 16, 2010, http://www.globalresearch.ca/index.php?context=va&aid=20149에서 인용.

6) 같은 글.

7) Rick Rozoff, "NATO's Role In The Military Encirclement Of Iran," Global Research, February 10, 2010, http://www.globalresearch.ca/index.php?context=va&aid=17555 참조.

군사력 비축과 배치의 시간표

협력국 및 동맹국들에 대한 미국의 무기 이전에서 중요한 것은 무기 이전과 배치의 시점이다. 미국 주도의 군사작전은 통상적으로 이러한 무기체계가 자리를 잡고, 인적 훈련의 실행을 통해 효과적으로 배치되었을 때 개시될 것이다(예컨대 인도).

우리가 지금 다루고 있는 것은 펜타곤의 통제하에 40개국 이상의 연합 군사력을 관여시키는 전 지구적으로 조율된 군사 계획이다. 이 전 지구적인 다국적 군사력 배치는 세계 역사상 최대 규모로 신형 무기체계를 과시하는 것이다. 다른 한편으로 미국과 그 동맹국들은 세계 여러 지역에 새로운 군사기지들을 구축했다. "지구의 표면은 광범위한 전쟁터로 구조화되었다."[8]

지역 전투사령부로 나누어진 통합사령부 구조는 전 지구적인 수준에서의 군사화 전략에 근거를 두고 있다. "미국은 63개 나라에 군사기지를 두고 있다. 2001년 9·11 이후 7개국에 새로운 군사기지들이 구축되었다. 총 25만 5,065명의 미군 인력이 전 세계에 배치되어 있다."[9]

제3차 세계대전 시나리오

'전 세계 사령관들의 관할지역들(100쪽 지도 참조)'은 펜타곤의

8) Jules Dufour, "The Worldwide Network of US Military Bases," Global Research, July 1, 2007, http://www.globalresearch.ca/index.php?context=va&aid=5564 참조.
9) 같은 글.

전 지구적인 군사계획을 규정한다. 그것은 세계 정복 계획이다. 이 군사적 배치는 지역별 미군 사령부들의 조율 아래 여러 지역에서 동시에 일어나고 있으며, 미군과 협력국들 — 그 일부는 베트남, 일본 등 과거 미국의 적국들 — 에 의한 미국제 무기들의 비축을 수반한다.

현재의 맥락은 세계 유일 초강대국 — 수많은 동맹국들을 국지전을 유발하는 데 이용하는 — 에 의해 통제되는 전 지구적인 군사력 구축으로 특징지어진다. 이에 대비해 볼 때, 제2차 세계대전은 각기 분리되어 있는 지역 전구들의 접합이었다. 1940년대의 통신기술과 무기체계를 감안할 때, 지리적으로 떨어진 광범위한 지역들 사이의 전략적인 '실시간' 조정은 존재하지 않았다. 전 지구적인 전쟁은 동맹국과 협력국들의 행동을 감독하는 유일한 지배적 군사강국에 의해 조율된 배치에 기반하고 있다.

히로시마와 나가사키를 제외하면, 제2차 세계대전은 재래식 무기들의 사용을 특징으로 했다. 전 지구적인 전쟁의 기획은 우주의 군사화에 의존한다. 이란과의 전쟁이 개시된다면, 여기에는 단지 핵무기뿐 아니라 전자무기와 환경변조기술(ENMOD)을 포함한 새로운 신형 무기체계 전체가 사용될 것이다.

유엔 안전보장이사회

유엔 안전보장이사회는 2010년 6월 이란 이슬람 공화국에 대한 4차 전면제재 결의(UNSC 결의안 1929)를 채택했다. 여기에는 '더욱 강력한 금융통제'와 더불어 확대된 무기금수가 포함되었다. 매우 역설적이게도 이 결의안은 이스라엘이 공해상에서 저지른 가자 (Gaza) 자유 함대에 대한 공격과 관련하여 유엔 안전보장이사회가 이스라엘을 비난하는 결의안 채택을 거부한 지 며칠 지나지 않아 통과되었다.

(‘결의안 1929[2010년 6월 9일]’는) 모든 국가들은 그들의 영토로부터 또는 영토를 경유해서, 그 나라의 국민이나 그 나라 사법권에 속한 개인에 의해서, 그들의 배나 비행기를 이용해서, 그들의 영토에 기원을 두든 아니든, 여하한 전투용 장갑차, 전투용 차량, 대구경 대포 체계, 전투기, 공격용 헬리콥터, 전함, 미사일 또는 미사일 체계 …… 의 이란에 대한 직접적 또는 간접적 공급·판매·이전을 방지한다고 결정한다. (그것은) 나아가 모든 국가들은 그들의 국민에 의해서든 그들의 영토로부터 또는 영토를 경유하여, 그런 무기들과 관련된 물질의 공급, 판매, 이전, 제공, 제조, 유지 또는 사용과 관련된 기술적 훈련, 재정적 자원이나 서비스, 자문, 그 외 여타 서비스나 도움을 이란에 제공하는 것을 방지할 것을 결정한다. 아울러 이러한 맥락에서 모든 국가들에게 모든 다른 무기들과 관련 물질들의 공급, 판매, 이전, 공급, 제조, 이용에 대한 경계와 통제를 행할 것을 요구한다.[10]

미국의 압력으로 중국과 러시아는 둘 다 자신들의 손해를 감수하고 유엔 안전보장이사회 제재체제를 지지했다. 안전보장이사회

10) United Nations Security Council, "Security Council Imposes Additional Sanctions on Iran, Voting 12 in Favour to 2 Against, with 1 Abstention," includes complete text of UNSC Resolution 1929, UN News, June 9, 2010, http://www.un.org/News/Press/docs/2010/sc9948.doc.htm. 강조는 필자.

에서의 그들의 결정은 자신들의 군사동맹인 상하이협력기구(SCO)*
— 이란이 옵서버 지위를 가지고 있는 — 를 약화시킨다. 이 안전보장
이사회 결의는 중국과 러시아 각각이 이란과 맺고 있는 양자 간 군
사협력과 무역협정을 동결시키는 것이다. 그것은 러시아의 기술과
전문지식에 부분적으로 의지하고 있는 이란의 방공체계에 심각한
영향을 초래한다.

2010년 11월 드미트리 메드베데프(Dmitry Medvedev) 대통령이 발
표한 선언에 따라 모스크바는 S300 방공체계와 관련된 이란과의
군사협력 협정을 파기한다고 발표했다.

UNSC 결의 1929는 이란에 대한 선제공격을 감행할 수 있는 사
실상의 청신호를 부여한 것이다.

미국식 종교재판: 전쟁을 위한 정치적 컨센서스 구축하기

서구 언론은 한목소리로 (현존하지 않는) 핵무기 개발 프로그램
혐의를 들어 이란을 전 지구적인 안보에 대한 위협으로 낙인찍어
왔다. 공식적인 발표들에 호응하여 언론은 이제 이스라엘의 안보
를 지키기 위해 이란에 대해 징벌적 폭격을 실행할 것을 요구하고

---

* 1996년 결성된 '상하이 5개국(Shanghai Five)'인 러시아, 중국, 카자흐스탄, 키
르기스스탄, 타지키스탄과 2000년에 합류한 우즈베키스탄 등 6개국이 2001
년 결성한 지역안보 모임이다. 상하이 5개국은 아프가니스탄에 인접한 접경
지역 안보를 보장하기 위해 국경선 획정과 국경주둔 병력감축을 위해 결성되
었다. 상하이협력기구는 결성 당시와는 성격이 변하면서 중앙아시아에서 미
국의 영향력을 견제하는 세력으로 발전하고 있다.

있다.

서구 언론은 전쟁의 북소리를 울리고 있다. 그 목적은 지겹도록 반복적인 언론 보도를 통해 이란의 위협이 실재하며 저 이슬람 공화국은 '제거되어야' 한다는 관념을 사람들의 내면 의식에 주입하는 것이다. 전쟁을 감행하기 위한 동의 구축 과정은 스페인 종교재판과 비슷하다. 이는 전쟁이 인도주의적 노력이라는 관념에 굴복할 것을 필요로 하며 또한 그것을 요구한다.

알려지고 기록된 바대로, 전 지구적인 안보에 대한 진정한 위협은 미국 - 나토 - 이스라엘 동맹으로부터 나온다. 하지만 종교재판 환경에서의 현실은 완전히 전도되어 있다. 전쟁 도발자들은 평화에 헌신하는 것으로, 전쟁의 희생자들은 전쟁의 주창자로 제시되고 있는 것이다. 2006년에 거의 2/3의 미국인들이 이란에 대한 군사행동에 반대했던 반면 2010년 2월 로이터 - 조그비 여론조사는 56%의 미국인들이 이란에 대한 미국 - 나토의 조치에 찬성하고 있음을 보여주고 있다.

거짓의 출처였던 자들이 그 거짓을 유지하려고 애쓰고 있다.

그러나 여론조작을 용이하게 하는 다른 요인들도 작동하고 있다. 상호침투하면서 협력하던 미국의 반전운동은 이란과 관련하여 나약한 태도를 취하고 있다. 반전운동은 분열되어 있다. 준비 중이고 현재 펜타곤의 기획안에 올라 있는 전쟁들에 대한 강력한 반대보다는 이미 일어난 전쟁(아프가니스탄, 이라크)에 강조점이 주어져 있다. 오바마 행정부 출범 이후 반전운동은 일부 추동력을 잃었다.

더구나 아프가니스탄과 이라크에 대한 전쟁에 적극적으로 반대한 사람들이 반드시 이란에 대한 '징벌적 폭격'에 반대하는 것도 아니다. 이들은 잠재적으로 제3차 세계대전의 전주곡이 될지도 모르는 이러한 폭격을 전쟁 행위라는 범주에 넣지도 않는다. 이란과 관련한 반전운동의 규모는 2003년 이라크 폭격과 침공에 앞서 있었던 대중시위들에 비교해보면 최저 수준이다.

전 지구적인 안보에 대한 진정한 위협은 미국 - 나토 - 이스라엘에서 나온다. 외교 무대에서 중국과 러시아는 대이란 작전에 반대하지 않고 있으며, 나토 주도의 '지중해 대화'에 편입된 최전선 아랍 국가들은 그것을 지지하고 있다. 또한 그것은 서구 여론의 암묵적 지지를 받고 있다.

5 | 핵무기로 이란을 겨누다

이란을 대상으로 한 신형 무기체계의 비축과 배치는 이라크에 대한 폭격과 침공 직후부터 시작되었고, 이러한 전쟁 계획들은 나토, 이스라엘과 손을 잡은 미국이 주도했다.

2003년 이라크 침공에 이어 부시 행정부는 이란과 시리아를 '전쟁으로 가는 로드맵'의 다음 단계로 규정했다. 미군 소식통은 이란에 대한 공습은 2003년 3월 이라크에 대한 '충격과 공포'의 폭격들에 비견되는 대규모의 군사력 배치가 따를 것임을 흘리고 있었다.

> 이란에 대한 미국의 공습은 이라크 오시락 핵센터에 대한 이스라엘의 1981년 공습을 훨씬 능가할 것이다. 그것은 2003년 이라크에 대한 공습 작전의 초기 양상을 닮을 것이다.[1]

선제적 핵공격을 위한 명분 쌓기

이란과의 전쟁을 벌이는 명분은 핵심적으로 미 행정부 국가안보 독트린의 일환인 2가지 전제에 의존하고 있다.

---

1) Globalsecurity.org, "Target Iran: Air Strikes," 날짜 미상, http://www.globalsecurity. org/military/ops/iran-strikes.htm 참조.

① 이란의 대량살상무기 보유 혐의, 특히 핵무기 개발 프로그램 혐의

② 이슬람 테러리스트에 대한 이란의 지원 혐의

서로 연관된 이 2개의 언술들은 선동과 언론에 의한 허위정보 캠페인의 골간을 이루고 있다.

대량살상무기 언술은 이란과 북한 등 대량살상무기를 보유하고 있다고 주장되는 테러지원국들에 대한 선제공격을 정당화하는 데 이용된다. 이란은 이른바 비국가 테러조직들을 지원하는 나라로 규정된다. 북한은 대량살상무기 보유 혐의에 더해 잠재적인 핵위협 국가이기도 하다. 비국가 테러조직들은 핵무장 세력으로 표현된다.

> 이 장기 전쟁의 적들은 전통적인 재래식 군사력이라기보다는 산개되어 있으면서 급진적인 정치적 목적을 위해 이슬람을 이용하는 전 지구적인 테러리스트 네트워크이다. 이러한 적들은 수십만 명의 미국인과 다른 세계인들을 살상하기 위해 핵무기와 화학무기들을 획득하고 사용하겠다는 것을 자인하고 있다.[2]

이와 대조적으로 핵무기를 생산·보유하고 있는 독일과 이스라엘은 핵무장국으로 간주되지 않는다.

------

2) US Department of Defense, 2006, Quadrennial Defense Review, Washington DC, 2006, http://www.defense.gov/qdr/report/Report20060203.pdf.

'임박한 전구 이란'

미국 군사기획자들이 티란트(TIRANNT: Theater Iran Near Term)라는 코드로 명명한 이란에 대한 공격 모의실험은 2003년 5월에 시작되었다. 바로 그 때 "모델 작성자들과 정보 전문가들은 이란에 대한 전구 수준(대규모를 의미함) 시나리오들에 필요한 자료들을 끌어모았다".[3]

그 시나리오들은 '충격과 공포' 전격전의 일환으로 이란 내에 있는 수천 개의 표적들을 점찍었다.

티란트라고 불린 임박한 전구 이란에 대한 분석은 해병대의 침공을 위한 가상 시나리오 및 이란의 미사일 능력에 대한 모의실험과 함께 이루어졌다. 미국과 영국의 기획가들은 같은 시기에 카스피 해 기동훈련을 수행했다. 그리고 부시는 미 전략사령부에게 이란의 대량살상무기를 공격하기 위한 전 지구적인 타격전쟁 계획을 작성하도록 지시했다. 이 모든 것은 궁극적으로 이란과의 '주요 전투작전'을 위한 새로운 전쟁 계획에 반영되었다. 이제(2006년 4월) 군 소식통들은 그 대규모 전투작전이 초안 형태로 존재하고 있음을 인정하고 있다……

티란트 아래서, 육군과 미 중부사령부 기획가들은 이란과의 전쟁을 위한 임박한 시나리오와 몇 년 후 시나리오, 2가지 모두를 연구하고 있다. 여기에는 병력의 동원과 배치에서부터 정권교체 이후의 전후 안정화 작전에 이르기까지 대규모 전투작전의 모든 측면들이 포함되어 있다.[4]

---

3) William Arkin, *Washington Post*, April 16, 2006.

이란에 대한 전면공격을 위한 다른 '전구 시나리오'들도 검토되어왔다. "미 육군, 해군, 공군, 해병대는 모두 전투계획들을 준비했고 '작전명 이란의 자유'를 위한 기지 건설과 훈련에 4년을 투자했다. 신임 미 중부사령관 팔론(William Fallon) 제독은 티란트라고 명명된 전산화된 계획을 물려받았다."[5]

2004년 티란트하의 초기 전쟁 시나리오들을 작성하면서 부통령 체니는 미 전략사령부에 '또 다른 9·11 형태의 미국에 대한 테러 공격에 대응하여' 그 배후에 이란이 있을 거라는 가정하에 이란을 대상으로 한 대규모 군사작전을 위한 비상계획을 수립하도록 지시했다. 그 계획은 비핵무장국에 대한 선제적 핵공격을 포함하고 있었다.

그 계획은 재래식 무기와 전술 핵무기를 이용한 이란에 대한 대규모 공습을 포함한다. 이란 내에는 핵무기 개발 프로그램 장소들로 의심되는 여러 곳을 포함하여 450개 이상의 전략적 표적들이 있다. 그 중 다수는 강화 방어설비를 갖추고 있거나 지하 깊숙이 있어서 재래식 무기로 제거할 수 없다. 그리하여 핵무기 옵션이 제기된다. 이라크의 경우와 마찬가지로, 이 공격은 이란이 실제로 미국에 대한 테러 행위에 관여하고 있는지 여부에 따라 조건적으로 이루어지는 것이 아니다. 보도에 따르면, 이 계획에 관련된 여러 공군 장교들은 그들이 하고 있는 일의 함의, 즉 이란이 이유 없이 핵공격에 처하게 된다는 것에 대해 끔찍하게 생각하지만 누구도 반대를 제기해서 자신의 경력에 흠집을 내려고 하지 않는다.[6]

----

4) 같은 글.

5) *The New Statesman*, February 19, 2007

군사적 로드맵: '첫째 이라크, 그 다음은 이란'

티란트에 따라 이란을 공격한다는 결정은 더 광범위한 군사적 계획과 순차적인 군사작전의 일환이다. 이미 클린턴 정부하에서 미 중부사령부는 첫째는 이라크, 그 다음에는 이란을 침공하기 위한 '실전 전구 계획'들을 수립했다. 여기에서는 중동의 석유에 대한 접근이 전략적 목표로 언급되었다.

대통령의 국가안보전략과 의장의 국가군사전략(National Military Strategy: NMS)에 표현된 광범위한 국가안보 이해와 목표들은 미 중부사령부의 전구 전략의 기초를 이룬다. 이라크나 이란 같은 불량국가들이 미국의 이해와 해당 지역의 다른 나라들, 그리고 자기 나라의 시민들을 위협하는 한, 국가안보전략은 두 나라에 대해 이중의 봉쇄전략을 이행하라고 지시하고 있다. 이중의 봉쇄는 이라크 또는 이란에 의존하지 않고 그 지역에서 힘의 균형을 유지하기 위해 고안된 것이다. 미 중부사령부의 전구 전략은 이해관계에 기반하고 위협에 초점이 맞추어져 있다. 국가군사전략에 의해 옹호되고 있듯이, 미국의 개입의 목적은 이 지역에서 미국의 사활적 이해관계, 즉 미국과 동맹국들의 걸프 석유에 대한 방해받지 않는 확실한 접근을 지키는 것이다.[7]

6) Philip Giraldi, "Deep Background," *The American Conservative,* August 2005, http://www.theamericanconservative.com/article/2005/aug/01/00027/.

7) United States Central Command (USCENTCOM), http://www.milnet.com/milnet/pentagon/centcom/chap1/strategic.htm, 링크는 더 이상 활성화되지 않고 http://tinyul.com/37gafu9에 보존되어 있다[그러나 이곳에도 원본 내용은 남아 있지 않다. - 옮긴이].

이란과의 전쟁은 연속적인 군사작전의 일환으로 인식되고 있다. (전) 나토사령관 웨슬리 클라크 장군에 따르면 펜타곤의 군사적 로드맵은 다음의 나라들을 순차적으로 겨누고 있다. "5개년 군사작전 계획은 이라크로부터 시작해서 시리아, 레바논, 리비아, 이란, 소말리아, 수단 등 총 7개 나라를 [포함하고 있다]."

내[웨슬리 클락]가 2001년 11월 펜타곤으로 돌아왔을 때 고위 참모장교와 이야기를 나눌 시간이 있었다. 그렇다. 우리는 여전히 이라크를 공격하는 길로 가고 있다고 그가 말했다. 하지만 그 이상이 있었다. 이것은 5개년 작전계획의 일부로 논의되고 있고, 이라크로부터 시작해서 다음에는 시리아, 레바논, 리비아, 이란, 소말리아, 수단 등 총 7개 나라가 있다고 그는 말했다.[8]

모의실험을 거친 전 지구적인 전쟁의 시나리오들: 비질런트 쉴드(유비무환의 방패) 07 기동훈련

2006년 9월 미국은 이란에 대한 전면전 시나리오를 수행했다. 티란트와 대조적으로, 비질런트 쉴드(Vigilant Shield) 07 기동훈련은

....

8) Wesley Clark, 2004, *Winning Modern Wars:, Iraq, Terrorism, and the American Empire*, New York: PublicAffairs, p. 130. 또한 "Secret 2001 Pentagon Plan to Attack Lebanon," Global Research, July 23, 2006, http://www.globalresearch.ca/index.php?context=va&aid=2797, Sydney H. Schanberg, "The Secrets Clark Kept: What the General Never Told Us About the Bush Plan for Serial War," *The Village Voice*, September 31, 2003, http://www.villagevoice.com/2003-09-30/news/the-secrets-clark-kept/에도 인용됨.

중동의 한 전구(예컨대 이란)에 국한되지 않고 러시아, 중국, 북한을 포함하고 있었다.

부시 행정부의 두 번째 임기에 수행된 이러한 기동훈련들은 오바마 행정부의 대이란 정책을 형성하기 위한 총연습이었다. 그것은 핵 농축과 관련하여 이란을 겨냥한 위협이었을 뿐 아니라 중국과 러시아, 북한을 겨냥한 보이지 않는 위협이라는 특징이 있었다. 이러한 대이란 공격의 모의실험은 미국 - 나토의 전쟁준비와 직접적으로 관련되어 있다.

비질런트 쉴드 07 훈련 시나리오의 구체적인 내용은 ≪워싱턴포스트≫에 누설된 2006년 8월의 미 북부사령부 브리핑에 들어 있다.[9] 이 모의실험의 적들은 어밍햄[이란], 네마지[북한], 뤼벡[러시아], 추리야[중국]이다.

비질런트 쉴드 07 기동훈련의 세부사항과 순서:
어밍햄, 뤼벡, 추리아, 네마지와의 전쟁 모의실험

갈등으로 가는 길(Road to Conflict: RTC): 2006년 9월 11일~10월 15일

－초기 어밍햄 핵 농축 조짐 및 경고(I&W)

－초기 뤼벡과 어밍햄 관여

---

9) William M. Arkin, "The Vigilant Shield 07 War Games:Scenario opposing the US to Russia, China, Iran and North Korea," Washington Post Blog, October 6, 2006, http://www.globalresearch.ca/index.php?context=va&aid=4730. 박스 안 내용도 동일 출처임.

- 뤼벡 조짐 및 경고

- 미 태평양 함대(PACFLT) 잠수함 배치

- 초기 네마지 대륙간탄도미사일 조짐 및 경고

- 초기 MHLD(국토 방어) 조짐 및 경고

- 전략적 정보작전(IO, 사이버 전쟁) 작전들(뤼벡 및 추리아)

- 뤼벡과 어밍햄 합동 공중방어(AD) 훈련

제1단계/배치: 2006년 12월 4~8일

- 불량국가 뤼벡 장거리 폭격부대(LRA), 재래식 공중발사 순항미사일

  (CALCM)을 장착하고 발진

- 전략적 상황에 대한 감시 계속

- 네마지 상황 감시 계속

  • 핵무기 실험 가능성

  • 대륙간탄도미사일 준비 가능성 높음

- MHLD 상황 감시 계속

  • 5개의 요주의 선박(VOI)

  • 네덜란드 항구로 입항한 추리아 국적 요주의 선박, 그릴리 함대에

    대한 탄도미사일 방어체계(BMDS) 위협 지원

- 정보작전 활동에 대한 감시 계속

- 네마지, 우주로켓(SLV)* 발사 실행

- 2006년 12월 8일

제2단계 42일 전(前)

- 네마지, 추가 대륙간탄도미사일 발사 시설로 선적
- 러시아 주작전기지(RMOB) 항공기 장거리 운항 비행 수행
- 핵 탑재 크루즈 미사일 AS-15 러시아 주 작전기지에서 조작

−41일 전

- 네마지, 추가적인 대륙간탄도미사일 발사대에서 발사 준비

−40일 전

- 네마지, 핵 실험 시설에서의 활동

−35일 전

- 국무부(DOS) 여행 경보

−30일 전

- 뤼벡, 장거리 폭격부대(LRA) 아나디르와 보르쿠타에 전투기 배치

제2단계 30일 전

- 뤼벡에 대한 국제적 비난 증가
- 뤼벡, 잠수함 배치

−20일 전

- 네마지, 예비군 소집

−14일 전

- 국무부(DOS), 대응순서 단축

−13일 전

- 뤼벡, 워싱턴의 주미 대사관 폐쇄

-11일 전

- 네마지, 추가적인 대륙간탄도미사일들 연료 충전
- 뤼벡 대통령의 미국 공격 가능성에 대한 성명

제2단계 10일 전

- 미국 대통령(POTUS) 전쟁권한법에 대한 의회 연설

-6일 전

- 뤼벡 대통령 '중대상황' 선포

-5일 전

- 재래식 공중발사 순항미사일(CALCM) 아나디르, 보르쿠타, 틱시에 서 작동
- 뤼벡, 핵 탑재 이동식 대륙간탄도미사일 SS-25 주둔지 배치시설로 부터 나옴
- 네마지, 발사 가능하도록 대륙간탄도미사일 조립

-4일 전

- 뤼벡, 워싱턴 주미 대사관 폐쇄
- 뤼벡, 비행기 방공식별구역(ADIZ) 외부 차단 조치들 수행
- 방공식별구역 차단 중 북미우주 방공사령부(NORAD) 비행기와 공 중 충돌

제2단계 4일 전

- 네마지, 대륙간탄도미사일 발사 방위각 미국을 위협

−3일 전

- 나토, 위기 해소를 위한 외교적 노력 실패

- 뤼벡 주재 미 대사 협의차 소환됨

- 미국 대통령(POTUS) 대국민 연설

−2일 전

- 네마지 지도부 이동

−1일 전

- 뤼벡, 미국 사절단 추방

제2단계/실행: 2006년 12월 10~14일

−사전공격 조짐 및 경고: 펜타곤의 작전계획 대본(COOP)대로 펜타곤에 대한 테러공격 임박

−네마지, 2개의 대륙간탄도미사일 미국을 향해 발사

−뤼벡, 미국에 대한 제한적인 전략 공격 감행

- 제1파: 8대의 러시아공군 Bear-H 폭격기 재래식 공중발사 순항미사일(CALCM)로 방공체계 무력화 공격

- 제2파: 제한적인 대륙간탄도미사일 및 잠수함발사탄도미사일(SLBM) 공격

  - 2개의 ICBM 발사(1개는 샤이엔산작전센터(CMOC)** 타격, 1개는 오작동)

  - 2개의 SLBM 발사(1개는 메릴랜드-펜실베이니아 접경지역에 있는 '레이븐 락' 벙커(SITE-R)*** 타격, 1개는 오작동)

- 분산대기 비행기지(에일슨 공군기지, CANR, 콜드호)에서 공중 발사 순항미사일(ALCM)을 장착한 3대의 BEAR-H 폭격기 출진

— 미국, 뤼벡에 제한적인 보복공격 단행

- 1개의 ICBM C2 성능

- ICBM 발사 장소에 대한 1개의 ICBM 공격

- 제2단계/실행

— 뤼벡, 미국에 대한 추가 공격 준비

- 제3파: 추가적인 전략적 공격들을 준비함

  - 1개의 ICBM 이동, 발사는 없음

  - 3개의 SLBM 태평양함대 피어사이드 미사일 조작 활동(발사 없음)

  - 6개의 ALCM(발사 없음)을 장착한 6대의 BEAR-H 폭격기(발진과 기지로 귀환)

※ 위 비질런트 쉴드 07 기동훈련 기사는 원문 그대로이다.

---

* 인공위성, 달 탐사선 등 우주비행체를 쏘아 올리는 로켓.

** 미국 콜로라도주 중부의 콜로라도스프링스 남서쪽에 있는 샤이엔 산(2,195m)에는 샤이엔 산 공군기지와 샤이엔 산 작전센터(Cheyenne Mountain Operations Center)가 있다. 샤이엔 산 작전센터는 냉전 시대에 전 세계의 인공위성과 레이더, 그리고 그 밖의 감지기들로부터 정보를 수집해서 실시간으로 처리했고 공중경보센터와 미사일경보센터, 우주통제센터, 작전지능감시, 시스템제어센터, 기상센터, 지휘센터가 1년 내내 한시도 쉬지 않고 가동되었다. 이후 대부분의 업무가 인근의 피터슨 공군기지로 이전되었고 명칭도 샤이엔 산 이사회(Cheyenne Mountain Directorate)로 바뀌었지만 북미 우주방공사령부(North American Aerospace Defense Command: NORAD)는 비상사태를 위해 샤이엔 산 이사회를 지금도 유지하고 있다. 지하 600m에 200명이 상주

이스라엘의 역할

이란에 대한 공격을 개시하는 데서 이스라엘이 수행할 역할과 관련해 많은 논란이 있었다. 이스라엘은 군사동맹의 일부이다. 텔아비브는 주동자가 아니다. 이스라엘은 독자적이고 구별되는 군사 의제를 가지고 있지 않다. 이스라엘은 미 전략사령부에 의해 2006년 정식화된 이란과의 '주요 전투작전을 위한 전쟁계획'의 일부로 통합되어 있다.

대규모 군사작전들의 맥락 속에서 하나의 동맹 파트너, 즉 이스라엘의 조율되지 않은 일방적 군사행동은 군사적·전략적 견지에서 불가능하다. 이스라엘은 나토의 사실상의 회원국이다. 이스라엘의 어떤 행동이든 워싱턴으로부터의 청신호를 필요로 한다. 하지만 이스라엘에 의한 공격은 이란에 의한 보복공격과 더불어 이란에 대한 전면전을 개시하는 '방아쇠 메커니즘'으로 이용될 수 있다.

이러한 견지에서 워싱턴이 노골적인 미국 주도의 대이란 군사작전보다는 (미국에 의해 뒷받침되는) 이스라엘에 의한 초기 대이란 공격 옵션을 구상했다는 암시들이 있다. 이러한 맥락에서 이스라엘의 공격은 ─ 비록 펜타곤 및 나토와 긴밀한 협의 속에서 이루어지더라도 ─ 여론에는 텔아비브에 의한 일방적 결정으로 보이게 될 것이다. 그러면 워싱턴은 이 이스라엘의 공격을 이용하여 미국과 나토의 군사적 개입이 세계 여론의 눈에 이란에 대한 공격이라기보다

─────────────────────

하고 있다.

*** 대통령 등 정부 고위인사의 비상시 비밀대피시설 가운데 하나로 2001년 9·11 테러 당시 체니 부통령이 이곳으로 대피했다고 한다.

는 '이스라엘을 지킨다'는 견지에서 이루어진 것으로 정당화할 것이다. 현존하는 군사협력협정하에서 미국과 나토는 이란과 시리아에 맞서 '이스라엘을 지켜야 할 의무'가 있다.

체니: '이스라엘은 요청 없이도 그것을 할지도 모른다'

부시의 두 번째 임기 초에 (전) 부통령 체니는, 이란은 미국의 '불량한 적들'의 '리스트 맨 꼭대기'에 있으며, 이스라엘은 미국의 군사적 개입 없이도, 그리고 미국이 '그것을 하라'고 압력을 가하지 않아도, 말하자면 '우리를 위해서 폭격을 할 것'이라고 분명하게 암시했다.[10)]

그의 말에 따르면,

사람들의 걱정 중 하나는 이스라엘이 요청하지도 않았는데 그것을 할지도 모른다는 것이다 ……. 이란이 그들의 목적이 이스라엘을 파괴하는 것이라는 공표된 정책을 가지고 있다는 사실을 고려할 때 이스라엘은 능히 선제행동을 결정하고 나머지 세계가 나중에야 외교적인 혼란의 수습을 걱정하게 하도록 할 수도 있다.[11)]

부통령의 단언에 대해 언급하면서, 전 국가안보 고문 즈비그뉴 브레진스키는 약간 우려스럽게 그렇다고 확인했다. 체니는 아리엘

---

10) Michel Chossudovsky, "Planned US-Israeli Attack on Iran," Global Research, May 1, 2005, http://www.globalresearch.ca/articles/CHO505A.html 참조.

11) Dick Cheney, MSNBC Interview, January 20, 2005에서 인용.

샤론 총리가 미국을 위해 행동하도록, 우리를 위해 '그것을 하도록' 원한다는 것이다.

내가 생각하기에 이란은 좀 더 애매하다. 그리고 그곳에서 쟁점은 분명 독재가 아니다. 그것은 핵무기다. 그리고 부통령은 오늘 이 자유의 선언에 병행하는 이상한 언급에서 이스라엘이 그것을 할지도 모른다는 것을 암시했으며 사실상 이스라엘이 그것을 하도록 정당화 또는 고무하는 듯한 언어를 사용했다.[12]

미국 - 이스라엘의 군사적 조율

우리가 지금 다루고 있는 것은 이란을 폭격하는 미국과 이스라엘의 공동 군사작전이다. 그것은 2004년 이래 적극적인 계획단계에 있었다. 부시와 오바마 행정부의 국방부 관리들은 부지런히 이스라엘의 군사 및 정보 관련자들과 함께 작업을 하면서 이란 내 표적들을 주의 깊게 선정해왔다. 실제적인 군사적 견지에서 이스라엘의 어떠한 행동도 미국 주도 동맹의 최고위 레벨에서 계획되고 조율된 것이라고 볼 수 있다.

이스라엘에 의한 공격은 또한 미국 - 나토의 조율된 병참 지원, 특히 2009년 1월 이래 전면적으로 미국과 나토의 방공체계에 통합된 이스라엘의 방공체계와 관련한 지원을 필요로 한다.[13] 미국의

---

12) Zbigniew Brzezinski interviewed on PBS Online NewsHour, "Analysts Discuss the Theme of Democracy in President Bush's Inaugural Address," January 20, 2005, http://www.pbs.org/newshour/bb/white_house/jan-june05/democracy_1-20.html.

기술적 지원으로 2009년 초에 구축된 이스라엘의 X밴드 레이더 체계*는 "이스라엘의 미사일 방어를 위성과 지중해, 페르시아 만, 홍해의 이지스함, 그리고 지상의 패트리어트 레이더 및 요격기를 포함한 미국의 전 지구적인 (우주-기반) 탐지망에 통합시켰다".[14]

이스라엘이 아니라 미국이 이 방공체계를 통제하고 있다. "'이것은 미국의 레이더 체계이며 앞으로도 그렇게 남아 있을 것이다'라고 펜타곤 대변인 게오프 모렐은 말했다. '그러므로 이것은 이스라엘에 주거나 판 것이 아니라 미국의 담당자가 운용 현장에 있어야 하는 것이다'."[15]

미군은 펜타곤의 전 지구적인 체계에 통합된 이스라엘의 방공망을 감독하고 있다. 달리 말하면, 이스라엘은 미국의 동의 없이 이란에 대한 전쟁을 개시할 수 없다. 이 점에서 '하원 결의안 1553' 하에서 공화당에 의해 추진된 미 의회의 청신호 입법은 중요하다. 이 결의안은 이란에 대한 이스라엘의 공격을 명시적으로 지지하고 있다.

텍사스 출신 공화당 의원 루이 고머트(Louie Gohmert)와 46명의 동료

13) Michel Chossudovsky, "Unusually Large U.S. Weapons Shipment to Israel: Are the US and Israel Planning a Broader Middle East War?" Global Research, January 11, 2009, http://www.globalresearch.ca/index.php?context=va&aid=11743 참조.

* X밴드 레이더는 X밴드 주파수(파장 2.5cm가량)를 사용하는 레이더를 말한다. 이 레이더 체계는 4,800km 밖에 있는 야구공을 식별할 수 있을 정도로 정교하다.

14) Defense Talk, January 6, 2009.

15) Israel National News, January 9, 2009에서 인용.

의원들에 의해 도입된 수단은 이스라엘이 이란에 대해 '모든 필요한 방법들을' 이용할 수 있도록 보장한다. 여기에는 "군사력의 이용이 포함된다……. 우리는 그렇게 해야만 한다. 우리는 이스라엘에 대한 우리의 지지를 보여줄 필요가 있다. 우리는 그렇게 위험한 지역에 있는 이 중요한 동맹국과 게임을 하는 것을 멈출 필요가 있다."[16]

이스라엘의 핵무기

오늘날 이스라엘은 최소 200개에서 최대 500개 정도의 핵무기를 보유하고 있는 것으로 추정된다. 그 수가 몇 개이든 간에, 이스라엘의 핵무기는 세계에서 가장 정교한 것들 중의 하나이며, 주로 중동에서의 '전쟁'을 위해 디자인되어 있다. 이스라엘 핵무기의 주요품목은 '중성자탄'으로, 치명적인 감마 방사선을 극대화하되 발파공과 장기 방사선을 최소화할 수 있도록 디자인된 소형 수소폭탄이다. 이는 본질적으로 사람들은 죽이되 재산은 파손되지 않은 채 남겨지도록 고안된 것이다.[17]

1986년 이스라엘의 국유 핵무기 공장에서 일하고 있던 한 이스라엘 공무원이 ≪선데이타임스≫ 기자들과 만나기 위해 런던으로 갔다. 이 언론 브리핑에서 모르데차이 바누누는 이스라엘이 점점 더 많은 핵탄두를 확보해왔다는 이스라엘의 일급비밀을 누설했다.[18]

---

16) Webster Tarpley, "Fidel Castro Warns of Imminent Nuclear War; Admiral Mullen Threatens Iran; US-Israel vs. Iran-Hezboliah Confrontation Builds On," Global Research, August 10, 2010, http://globalresearch.ca/index.php?context=va&aid= 20571 참조.

≪제인즈 디펜스 위클리≫에 따르면, 이스라엘은 100개에서 300개의 핵탄두를 보유하고 있으며, 그 대부분은 조립되지 않은 상태이지만 '단 며칠 내에' 온전히 작동될 수 있다.[19]

원자로 운용관행의 있을 수 있는 상하한선에 근거해보면 이스라엘은 최소 100개 이상, 그러나 200개를 크게 넘지는 않을 숫자의 핵무기를 만들 수 있는 플루토늄을 생산했다.[20]

(이스라엘은) 100개 이상의 핵무기를 보유하고 있으며, 이 핵무기들은 미사일, 전투폭격기, 잠수함 등에서 발사될 수 있는 2단계 수소폭탄 장치들이다.[21]

실제로 제안된 법안은 이스라엘에게보다는 백악관과 펜타곤에 내주는 청신호이다. 이는 미국 주도의 대이란 전쟁에서 이스라엘이 편리한 군사적 발사대이자 거수기 노릇을 하도록 만든 것이다.

17) John Steinbach, "Israeli Weapons of Mass Destruction: a Threat to Peace," Global Research, March 3, 2002, http://www.globalresearch.ca/articles/STE203A.html.

18) Michael Carmichael, "Israel's plans to Wage Nuclear War on Iran: History of Israel's Nuclear Arsenal," Global Research, January 15, 2007, http://www.global research.ca/index.php?context=va&aid=4477

19) "Analysts: Israel viewed as world's 6th nuclear power," Ynet News.com, April 10, 2010, http://www.ynetnews.com/articles/0,7340,L-3873755,00.html.

20) Federation of American Scientists, "Nuclear Weapons-Israel," January 8, 2007, http://www.fas.org/nuke/guide/israel/nuke/.

21) Jeffrey Goldberg, "The Point of No Return," The Atlantic, September 2010, http://www.theatlantic.com/magazine/print/2010/09/the-point-of-no-return/8186/.

또한 이 법안은 이스라엘 방어라는 관점에서 전쟁을 벌이는 것을 정당화한다.

이러한 맥락에서 실제로 이스라엘은 하마스나 헤즈볼라의 공격 혐의, 그리고(또는) 레바논과의 국경에서의 적대행위 촉발에 대응하여 전쟁의 구실을 제공할 수 있다. 반드시 이해해야 할 점은 조그만 '사고'가 이란에 대한 대규모 군사작전을 개시하는 구실로 이용될 수 있다는 사실이다.

미국의 군사기획가들에게 알려져 있다시피, (미국보다는) 이스라엘이 이란의 군사적 보복의 첫 번째 표적이 될 것이다. 일반적으로 말하자면, 이스라엘인들은 워싱턴과 그들 자신의 정부 양자 모두의 책략에 이용당하는 희생양이 될 것이다. 이 점에서 이스라엘인들이 네타냐후 정부의 대이란 공격에 강력하게 반대하는 것이 절대적으로 중요하다.

이란에 대한 선제적 핵전쟁을 정당화하기 위해 허위정보 이용

2005년 11월 ≪뉴욕타임스(The New York Times)≫는 "미국, 컴퓨터에 의지하여 이란의 핵 목표 입증 추구"라는 윌리엄 브로드와 데이비드 생거의 리포트를 발행했다.[22] ≪뉴욕타임스≫에 보도된 미국의 주장들은 '2004년에 알려지지 않은 출처에 의해 도난당한 이란의 컴퓨터로부터 획득되어 미국 정보기관에 넘겨진' 문서들에 전적으로 의존하고 있다.[23]

이 문서들은 '이란산 핵무기를 탑재할 수 있다고 주장되는 미사일 (대기권)재돌입장치에 대한 일련의 그림들을' 포함하고 있다.

7월 중순에 미국의 고위 정보관리들은 국제 원자력 조사기구의 지도자들을 다뉴브 강이 내려다보이는 비인의 마천루 꼭대기에 불러 도난당한 이란의 노트북이라고 주장하는 것에 들어 있는 내용들을 공개했다. 모임에 참가한 몇몇 유럽 및 미국 참가자들에 따르면, 미국 관리들은 스크린을 켜고 1,000쪽이 넘는 이란 컴퓨터 시뮬레이션과 실험 설명서들을 펼쳐보였다. 그러면서 그들은 그것들이 핵탄두를 디자인하기 위한 장기간의 노력들을 보여준다고 말했다.

미국이 처음부터 인정했듯이, 이 문서들은 이란이 원자탄을 갖고 있음을 입증하지는 않는다. 하지만 이란의 핵 프로그램이 평화적이라는 이란 측 주장에도, 그들은 이란이 (이스라엘과 중동의 다른 나라들을 사정권에 두고 있는) 샤합(Shahap) 미사일 상단에 장착될 소형 핵탄두를 개발하고 있는 중임을 보여주는 강력한 증거로 이 문서들을 제시했다.[24]

미국 국무부는 곧이어 이란이 핵무기 개발프로그램을 진행하고 있음을 보여주기 위해 이 '비밀문서들'을 국제원자력기구에 제출했다.

이 문서들이 진짜인지는 여러 차례 의문에 부쳐져 왔지만 취재기자 개리스 포터의 최근 기사는 분명하게 이 의문의 노트북 문서들이 허위임을 확인해주고 있다. 이 문서들에 실려 있는 그림들은 샤합 미사일과 무관하며 1990년대 중반에 이란이 퇴출시킨 구식 북한 미사일 체계와 관련이 있다.

이 얼마나 바보짓인가! 미국 국무부 관리들이 제출한 그림들은 "잘못된 미사일 탄두"에 관련되어 있다.

　2005년 7월 …… 미국 무기통제와 국제안보 담당 국무차관 로버트 조지프는 비인에 있는 국제원자력기구 고위관리들에게 이란 핵무기 개발 프로그램 문서들에 대해 공식 보고했다. 조지프는 그 문서들의 발췌문들을 스크린에 띄우고, 정체불상의 탑재물을 재돌입장치나 이란의 중거리 탄도미사일 샤합-3의 탄두에 끼워 넣는 19가지의 다른 방법들을 보여주는 기술적 그림들과 도해들을 특별히 강조했다.

　그러나 국제원자력기구 분석가들이 이 문서들을 연구하도록 허용되었을 때, 그들은 그 도해들이 이란 군부가 새롭게 개선된 디자인을 위해 이미 폐기한 재돌입장치에 근거하고 있음을 발견했다. (이는 분석가들은 알고 있는 사실이었다.) 이 도해들에 보이는 탄두들은 이란이 1990년대 중반에 입수한 북한제 노동미사일의 친숙한 '원뿔 모자' 모양을 가지고 있었다.

　그 노트북 문서들은 잘못된 재돌입장치를 다시 디자인된 것으로 묘사하고 있었던 것이다.[25]

　이런 허위정보 생산의 배후에는 누가 있었는가? 개리스 포터는 이스라엘 정보기관 모사드가 이란의 핵무기 개발프로그램 혐의와 관련한 허위정보의 출처임을 시사하고 있다.

그 노트북 문서들의 기원은 결정적으로 밝혀지지 않을지도 모르지만 축적된 증거들은 그 출처로 이스라엘을 가리키고 있다. 1995년 초 이스라엘 방위군 정보 조사 및 평가국 수장인 야콥 아미드로는 그의 미국 상대방에게 이란이 '핵무장으로 가는' 계획을 세우고 있다고 설득하는 데 실패했다. 친이스라엘 통신사에 인용된 정보에 따르면, 2003~2004년경 미국 중앙정보국 고위 관리들은 모사드의 이란 핵 프로그램 보고에 대해 이란의 핵 관련 장소들에 대한 군사행동을 고려하도록 부시 행정부를 압박하기 위한 시도로 보았다.[26]

그 노트북 문서들은 미국이 유엔 안전보장이사회 제재를 옹호하는 입장을 유지하는 데 핵심적이었다.[27]

22) William J. Broad and David E. Sanger, "Relying on Computer, U.S. Seeks to Prove Iran's Nuclear Aims," *The New York Times*, November 13, 2005, http://www.nytimes.com/2005/11/13/international/middleeast/13nukes.html?_r=2&pagewanted=print.

23) Gareth Porter, "Exclusive Report: Evidence of Iran Nuclear Weapons Program May Be Fraudulent," Global Research, November 18, 2010, http://globalresearch.ca/index.php?context=va&aid=21994 참조.

24) William J. Broad and David E. Sanger, "Relying on Computer, U.S. Seeks to Prove Iran's Nuclear Aims." 강조는 필자.

25) 같은 글.

26) 같은 글.

27) Michel Chossudovsky, "The Mysterious 'Laptop Documents'. Using Fake Intelligence to Justify a Pre-emptive Nuclear War on Iran," Global Research, November 24,

이란을 향하고 있는 전술 핵무기

군사 문서들과 공식적인 발표들에서 확인되는 것처럼 미국과 이스라엘 양자는 이란에 대한 핵무기 사용을 고려하고 있다. 2006년 미 전략사령부는 전 지구상의 신속타격 대상들에 대해 핵무기 또는 재래식 무기를 이용한 작전능력을 확보했다고 발표했다. 이 발표는 가상국가에 대한 미국 주도의 핵공격에 관련된 군사적 모의실험을 수행한 후에 이루어졌다.[28]

(오바마 행정부의 대이란 정책은) 부시 - 체니 시대와 관련해서 연속성을 가지고 있다. 즉 오바마 대통령은 대체로 전임 행정부에 의해 정식화된 선제적인 핵무기 사용을 수용해왔다. 「2010 핵태세검토보고서」에서 오바마 행정부는 혐의를 받고 있는 (현존하지 않는) 핵무기 프로그램과 관련하여 미국의 요구를 따르지 않고 있기 때문에 '이란에 대해 핵무기를 사용할 권리를 보유한다'고 확인했다.[29] 오바마 행정부는 또한 이스라엘의 공격에 이란이 대응할 경우 핵무기를 사용할 것임을 내비쳤다.[30] 이스라엘 역시 이란을 전술 핵무기로 폭격하는 '비밀계획'을 수립해왔다.

2010, http://globalresearch.ca/index.php?context=va&aid=22085 참조.

28) David Ruppe, "Preemptive Nuclear War in a State of Readiness: U.S. Command Declares Global Strike Capability," Global Security Newswire, December 2, 2005, http://www.globalresearch.ca/index.php?context=va&aid=1705.

29) Gareth Porter, "U.S. Nuclear Option on Iran Linked to Israeli Attack Threat," IPS News.net, April 23, 2010, http://ipsnews.net/news.asp?idnews=51172.

30) 같은 글.

이스라엘 군사령관들은 재래식 타격으로는 점점 잘 방어되고 있는 농축시설을 궤멸시키기에 미흡하다고 생각하고 있다. 다수의 농축시설은 최소한 70피트의 콘크리트와 바위 밑에 건설되어 있다. 그러나 고위 정보통에 따르면, 핵탄두를 장착한 벙커 파괴탄은 오직 재래식 공격이 부적합해지거나 미국이 개입을 거부했을 때 사용될 것이다.[31]

이란과 북한을 대상으로 한 핵무기 사용에 대한 오바마의 발표는 미국의 포스트-9·11 핵무기 독트린과 일치한다. 이 독트린은 재래식 전구에서 전술 핵무기의 사용을 허용하고 있다.

권위 있는 핵 과학자들의 지지를 업은 선전 캠페인을 통해 소형 핵폭탄은 평화를 위한 도구로, 즉 이슬람 테러리즘과 싸우고 이란에 서구식 민주주의를 도입하는 수단으로 옹호되고 있다. 저폭발력 핵무기들은 '전쟁터 사용'을 위해 준비되어 있다. 그것들은 다음 단계의 테러와의 전쟁에서 재래식 무기들과 함께 이란과 시리아에 대해 사용될 계획이다.

행정부 관리들은 저폭발력 핵무기들은 "불량국가들[이란, 시리아, 북한]에 대한 믿을 만한 억지력으로 필요하다고 주장한다. 그들의 논리는 현존하는 핵무기들은 너무 파괴적이어서 전면적인 핵전쟁을 제외하고는 이용될 수 없다는 것이다. 잠재적 적들은 이 사실을 알고 있다. 그래서 그들은 핵 보복 위협이 진정이라고 생각하지 않는다. 그러나 저폭발력 핵무기들은 덜 파괴적이기 때문에 이용될 수 있을 거라고 생각할 수

31) Uzi Mahnaimi and Sarah Baxter, "Revealed: Israel plans nuclear strike on Iran," Times Online, January 7, 2007.

있다. 이는 그것들을 더 효과적인 억지력으로 만들 것이다.[32]

이란을 상대로 선호되는 핵무기는 (미국산) 전술 핵무기, 즉 히로시마 원자폭탄의 1/3 내지 6배 정도의 폭발력을 가진 핵탄두를 탑재한 벙커 파괴탄(예컨대 B61-11)이다. B61-11은 재래식 BLU 113 또는 유도탄 GBU-28의 '핵 버전'이다. 그것은 재래식 벙커 파괴탄과 똑같은 방식으로 전달될 수 있다.[33] 미국은 이란을 상대로 전략 핵무기를 사용하는 것을 고려하고 있지 않지만 이스라엘의 핵군비는 (이미 배치되어 있고 대이란 전쟁에 사용될 수 있는) 유사 수소폭탄으로 구성되어 있다. 4,800km에서 6,500km의 사거리를 가진 이스라엘 제리코 III 미사일 체계하에서 이란 전체가 사정권 안에 놓이게 될 것이다.

방사성 낙진

방사성 낙진과 오염 문제는 미국 - 나토 분석가들이 인과관계를 부인하고 있지만 엄청날 것이다. 잠재적으로 (이스라엘을 포함하여) 중동과 중앙아시아 상당 부분에 영향을 미칠 것이다. 완전히 왜곡된 논리에 의해 핵무기는 평화를 구축하고 부수적인 피해를 막기

32) "Opponents Surprised By Elimination of Nuke Research Funds," Defense News, November 29, 2004.

33) Michel Chossudovsky, "Tactical Nuclear Weapons against Afghanistan?," Global Research, December 5, 2001, http://www.globalresearch.ca/articles/CHO112C.html 참조.

위한 수단으로 제시되고 있다. 미국과 이스라엘의 핵무기는 주변 민간인들에게 무해하고 평화의 도구인 반면, 존재하지 않는 이란의 핵무기는 전 지구적인 안보에 대한 위협이라는 것이다.

재래식 벙커 파괴 유도탄 GBU-27.

B61 수소폭탄의 역사

1966년 처음 생산된 B61 수소폭탄은 경량 핵장치로 묘사된다. 그것의 건설은 본질적으로 구버전의 전술 핵탄두 기술을 연장한 것이다.[34]

B61의 지표관통 버전 B61-11은 클린턴 행정부하에서 탈냉전의 개시와 동시에 개발되었다. 그것은 처음에 (냉전 이후) 전투작전을 위해 '낮은' 10킬로톤의 폭발력 — 히로시마 폭탄의 66.6% — 을 갖고 있는 것으로 설정되었다.

1993년 10월 원자에너지 담당 국방장관 보좌관인 해롤드 스미스는 고성능 B53 핵폭탄에 대한 대안의 개발에 대한 승인을 추구했다. B53은 미국의 병참에서 주요한 벙커 파괴 무기였다. B53은 무게가 8,900파운드에 달하며 B-52 폭격기에서만 발사할 수 있는 가장 무거운 탑재 핵무기이기도 했다. 스미스는 '무기 현대화'의 미명 아래 B61-Mod11의 개발을 밀어붙이고 있었다 …….

 B61-11은 전면적인 핵실험 없이 개발되고 비치되었다. 몇몇 비판가들은 B61-11이 새로운 핵무기라고 주장해왔지만 미국은 줄곧 B61-11은 새로운 핵무기가 아니라 지하 목표물을 파괴하는 지표관통 능력을 부여하기 위한 구식 B61의 개조물이라고 주장해왔다.[35]

 B61-11은 중동에서 사용하려고 의도된 것이었다. 클린턴 행정부는 실제로 리비아에 대해 그것을 사용하겠다고 협박하기도 했다. 타르후나흐에 있다고 주장되는 지하 화학무기 시설이 '당시 새로 배치된 B61-11 지표관통 핵무기의 표적이 될 수도 있다'고 시사했던 것이다.[36]

 군사 문서들은 지표관통 핵폭탄과 10킬로톤(히로시마 폭탄의 2/3) 미만의 폭발력을 가지고 있는 소형 핵폭탄을 구분하고 있다. 지표관통 핵폭탄은 1,000킬로톤, 또는 히로시마 폭탄의 70배의 폭발력을 가지고 있다. 소형 핵폭탄과 지표관통 핵폭탄 간의 이러한 구별은 많은 점에서 오도된 것이다. 실제에 있어 구분선은 없다. 우리가 다루는 것은 대체로 같은 유형의 무기체계이다. 즉 B61-11은 1킬로톤 미만의 '저폭발력'으로부터 중범위, 그리고 1,000킬로톤까지 다양한 '이용가능한 폭발력'들을 가지고 있다. 모든 경우에 방사성 낙진은 엄청나다. 더구나 B61 시리즈의 수소폭탄들은 성능에 따라 구별되는 여러 모델들(B61-11, B61-3, B61-4, B61-7, B61-10 등)을 포함하고 있다. 이들 각자는 여러 이용가능한 폭발력들을 가지고 있다. 전구에서 이용하기 위해 고려되는 것은 히로시마 폭탄의 2/3에 해당하는 저폭발력 10킬로톤 폭탄이다.

핵겨울

B61
벙커 파괴탄.

폭발, 방사능, 화염과 광범위한 오염 등, 핵무기의 직접적인 효과들은 목표물 가까이에 사는 수백만 명을 죽일 것이다. 특히 화염은 또 다른 효과를 미칠 것이다. 화염에서 발생하는 거대하고 어두운 연기가 지표에서 10~15km(6~9마일) 위의 상층대류권으로 솟구쳐 올라가고 태양빛을 흡수하면서 더 가열되면 성층권으로 올라가게 된다. 성층권에는 연기를 씻어낼 수 있는 비가 존재하지 않으므로 연기가 수년간 머물게 된다.

핵전쟁으로 발생된 이러한 연기가 기후에 미치는 영향은 그 양에 달려있다. 우리의 새로운 계산법에 따르면, 50개의 핵무기들이 두 나라에 최대량의 연기를 생산할 목표물에 투하될 경우에는 약 5메가톤(테라그램, Tg)의 검은 연기가 생산될 것이다. 이는 화염으로부터 배출된 양과 비에

34) 자세한 사항은 "The B61 (Mk-61) Bomb," Nuclear Weapons Archive, 날짜 미상, http://nuclearweaponarchive.org/Usa/Weapons/B61.html 참조.

35) "Weapons of Mass Destruction," GlobalSecutiry.org, 날짜 미상, http://www.global security.org/wmd/systems/b61.htm.

36) *The Record,* Bergen County: New Jersey, February 23, 2003.

* 1년이나 계절 혹은 달 등의 기간 중에, 한 지점 또는 지역에서 특히 출현빈도

의해 바로 씻길 양을 고려한 것이다. 성층권으로 올라감에 따라 연기는 탁월풍*에 의해 세계 전체로 퍼지게 될 것이다.

지난 1,000년간의 기후변화와 비교해보면, 단지 5메가톤(인도와 파키스탄 사이의 전쟁)만으로도 지구 온도를 소(小)빙하기(대략 1600~1850년)보다 더 떨어뜨릴 것이라고 추측할 수 있다. 이는 즉각적인 것이므로 농업은 심대한 위협에 처하게 된다. 더 많은 양의 연기는 더 많은 기후변화를 가져올 것이다. 150메가톤의 경우 진짜 핵겨울을 불러올 것이다. 그렇게 되면 농사는 수년간 불가능하다. 두 경우 모두, 새로운 기후 모델 모의실험은 그 효과가 10년 이상 지속될 것임을 보여준다.

러시아와 미국 과학자들이 만든 모델들은 핵전쟁이 지구상의 모든 생명을 극단적으로 파괴하는 핵겨울을 초래한다는 것을 보여주었다. 이러한 지식은 우리들, 정직하고 도덕적으로 사는 사람들이 그러한 상황에서 행동에 나서도록 하는 커다란 자극이다.

1980년대 이래 세계의 핵무기 수는 7만 개 이상이었던 전성기에 비해 1/3로 줄었다. 지역적 규모의 핵전쟁의 결과는 예상할 수 없을 만큼 막대하다. 핵 확산, 정치적 불안정, 도시 인구집중 등이 결합은 인류가 생겨난 이래 사회적 안정에 대한 가장 커다란 위험을 구성하고 있다. 현재의, 그리고 계획되어 있는 미국과 러시아의 핵 군비만으로도 핵겨울을 낳을 수 있다. 오직 핵 비무장화만이 핵에 의한 환경재앙을 예방할 것이다.[37]

핵탄두를 장착한 B61-11 NEP 수소폭탄.
출처: www.AtomicTraveler.com.

이란에 사용될 계획인 '모든 폭탄의 어머니(MOAB)'

모든 폭탄의 어머니(MOAB).

GBU-57A 대형폭발 관통탄(MOP).

미국의 재래식 무기고에서 군사적으로 중요한 것은 모든 폭탄의 어머니(The Mother of All Bombs)라고 별칭되는 2만 1,500파운드의 '괴물 무기'이다. 이 GBU-43/B 또는 공중폭발 대형 폭탄(Massive Ordnance Air Blast Bomb: MOAB)은 미국의 재래식 군비 중에서 가장 큰 폭발력과 함께 '지금까지 고안된 가장 강력한 비핵무기'로 분류되었다.[38]

이 공중폭발 대형 폭탄은 이라크 전구에 배치되기 전인 2003년 3월에 실험되었다.

미국 군사 소식통에 따르면, 합동참모본부는 2003년 전쟁을 개시하기에 앞서 MOAB가 이라크에 사용될 것이라고 사담 후세인 정부에 충고했다(이것이 이라크에서 사용되었다는 미확인 보도들이 있었다).

가 매우 높은 일정 풍향의 바람.

37) 또한 Alan Robock, "Nuclear Winter," Encyclopaedia of the Earth, January 2009, http://www.eoearth.org/article/Nuclear_winter 참조.

38) "GBU-43/B Massive Ordnance Air Blast bomb," Wikipedia, http://en.wikipedia.org /wiki/GBU-43/B_Massive_Ordnance_Air_Blast_bomb.

미국 국방부는 이란에 대해서도 MOAB를 사용할 용의가 있음을 확인해왔다. MOAB는 '이란의 나탄쯔나 콤 등의 지하 핵시설에 치명적인 타격을 가하는 데 이상적으로 맞아떨어진다'고 이야기된다.[39] 그 폭발력을 감안할 때 사태의 진실은 MOAB가 극단적으로 대규모의 인명살상을 초래한다는 것이다. 그것은 또한 핵형태의 버섯구름을 동반하는 재래식 '살인기계'이다.

2009년 10월에 4개의 MOAB가 5,840만 달러라는 엄청난 비용으로(개당 1,460만 달러) 주문 의뢰되었다. 이 금액에는

MOAB의 시험 폭발과
버섯구름의 화면 사진들.

개발과 시험 비용과 더불어 MOAB 폭탄들을 B-2 스피리트 스텔스 폭격기에 장착하는 비용도 포함되었다.[40] 이는 대이란 전쟁 준비와 직결되어 있다. 그에 대한 통지는 93쪽짜리 '계획 재수립 메모'에 들어 있는데, 그것은 다음과 같은 지시사항들을 포함하고 있다.

"국방부는 고위협 환경 속에서 견고하고 깊게 매설되어 있는 목표물들을 타격할 수 있는 능력에 대한 '긴급한 작전상의 필요(UON)'를 가지

39) Jonathan Karl, "Is the U.S. Preparing to Bomb Iran?" ABC News, October 9, 2009, http://abcnews.go.com/Politics/us-preparing-bomb-iran/story?id=8765343 #.TvMg_FZU0VY.

40) 같은 글.

고 있다. 대형 관통탄[모든 폭탄의 어머니]은 그러한 긴급한 작전상의 필요의 요건들을 충족하기 위해 선택한 무기이다." 그 메모는 나아가 그 요청은 태평양사령부(북한을 관장하는)와 중부사령부(이란을 관장하는)에 의해 지지된다고 진술하고 있다.[41]

비밀해제된 공식적인 계획 재수립 메모 및 모든 폭탄의 어머니와 관련된 조달정보는 http://abcnews.go.com/images/Politics/reprogramming_memo_091006.pdf에서 볼 수 있다.

이란 사회기반시설의 광범위한 파괴

펜타곤은 전술적 핵무기와 재래식 괴물 버섯구름 폭탄들 ― MOAB와 폭발력에서 MOAB를 능가하는 GBU57A/B 또는 대형 관통탄(MOP)을 포함한 ― 을 함께 이용함으로써 이란의 사회간접시설을 광범위하게 파괴하고 민간인을 대량 살상하는 과정을 계획하고 있다. 대형 관통탄은 "이란과 북한의 지하 핵시설을 정확하게 겨냥하는 강력한 새로운 폭탄이다. 이 엄청난 폭탄은 어깨를 대고 나란히 서 있는 11명의 사람보다 길고(136쪽 사진 참조), 바닥부터 위쪽까지 20피트(6m) 이상의 길이를 가지고 있다".[42]

이것들은 단어 그대로의 의미에서 대량살상무기들이다. 공중폭

---

41) 같은 글. 강조는 필자.

42) Edwin Black, "Super Bunker-Buster Bombs Fast-Tracked for Possible Use Against Iran and North Korea Nuclear Programs," Cutting Edge, September 21, 2009, http://www.thecuttingedgenews.com/index.php?article=11609 참조.

발 대형 폭탄과 대형 관통탄의 공공연한 목적 — 공중폭발 대형 폭탄을 묘사하기 위해 무심코 이용되는 미국의 별칭(모든 폭탄의 어머니)을 포함하여 — 은 공포와 좌절을 주입하기 위한 대량파괴이며 대규모 민간인 살상이다.

최첨단 무기: '전쟁은 새로운 기술을 통해 가능해진다'

이란과 관련한 미국의 군사적 의사결정 과정은 '별들의 전쟁', 즉 우주공간의 군사화와 통신 및 정보체계의 혁명에 의해 뒷받침되고 있다. 군사기술의 진보와 새로운 무기체계의 발달을 고려할 때, 이란에 대한 공격은 무기체계의 배합이라는 견지에서 이라크에 대해 개시된 2003년 3월의 전격전과는 매우 다르다. 이란 작전에는 공습을 지원하는 최신형의 무기체계가 이용될 계획이다. 십중팔구 새로운 무기체계들이 실험될 것이다.

"미국 방위의 재구축"이라는 제목이 붙은 '2000 새로운 미국의 세기를 위한 프로젝트(PNAC)' 문서는 세계 다른 지역들에서 동시에 벌어질 대규모 전구 전쟁들의 견지에서 미국군의 사명을 다음과 같이 요약하고 있다.

복수의 동시적인 주요 전구 전쟁들에서 싸우고 이긴다.

이 정식화는 유일한 제국주의적 초강대국에 의한 전 지구적인 정복전쟁을 의미한다. 이 새로운 미국의 세기를 위한 프로젝트 문서는 또한 '군사문제에서의 혁명', 즉 '새로운 기술을 통해 가능해진 전쟁'의 실행을 위한 미군의 전환을 촉구했다.[43] 군사문제에서의 혁명이란 정교한 신무기에 기반하여 최첨단의 전 지구적인 살상기계를 개발하고 완벽하게 만듦으로써 결국 '현재의 전쟁 패러다임'을 대체하는 것이다.

> 그러므로 전환 과정은 실상 2단계 과정이 될 것으로 예상될 수 있다. 1단계 이행, 2단계는 더 철저한 전환. 분기점은 새로운 무기체계가 우세한 숫자로 사용되기 시작할 때, 예컨대 아마도 무인 항공기가 유인 항공기만큼이나 많아질 때 올 것이다. 이 점에서 펜타곤은 향후 수십 년 미군을 현재의 전쟁 패러다임에 매어 있게 만들 새로운 프로그램들 — 예컨대 탱크, 비행기, 항공수송기 — 에 대한 대규모 투자를 매우 경계해야 한다.[44]

실상 이란과의 전쟁은 이런 결정적 분기점이 될 수 있다. 50만 명 이상의 지상군을 포함한 상당한 재래식 군사력을 가진 적을 무력화시키기 위해 새로운 우주기반 무기체계가 적용될 것이기 때문이다.

전자기 무기들

전자기 무기들이 이란의 통신체계를 교란하고 발전시설에 장애

---

43) "Rebuilding America's Defenses," Project for the New American Century, Washington DC, September 2000, http://www.newamericancentury.org/RebuildingAmericas Defenses.pdf 참조.

44) 같은 글. 강조는 필자.

를 일으키며, 지휘통제체계와
정부 기반시설, 수송, 에너지
등을 약화시키고 불안정하게
만들기 위해 이용될 수 있다.
동종의 무기 중에서 HAARP[45]

HAARP 안테나들.

프로그램하에 개발된 환경변조기술(The Environmental Modification
Convention: ENMOD, 날씨 전쟁) 또한 이용될 수 있다.[45] 이러한 무기
체계들은 완전히 작동될 수 있다. 이러한 맥락에서 미 공군 문서 AF
2025는 날씨변조기술의 군사적 적용을 명시적으로 인정하고 있다.

> 날씨변조는 국내적·국제적 안보의 일부가 될 것이고 일방적으로 행해
> 질 수 있다……. 그것은 공격적으로나 방어적으로 적용될 수 있고, 심
> 지어 전쟁억지력으로 이용될 수도 있다. 지상에서 강수, 안개, 폭풍을
> 발생시키거나 공간 날씨를 변조하고 이온 변조(이온 거울들의 이용)를
> 통해 통신을 향상시키는 능력, 인공 날씨 조성 등은 모두 통합된 기술
> 세트의 일부이다. 이러한 기술들은 전 지구적인 감지·범위·권력을 성
> 취하는 데에서 미국의 실질적 전진 또는 적국의 능력 저하를 만들어낼
> 수 있다.[46]

------

* HAARP는 고주파 활성 오로라 연구 계획(High Frequency Active Auroral
  Research Program)의 약칭이다. 이 계획은 미국 공군과 해군, 알래스카 대학,
  국방고등연구소 계획국 등이 공동투자한 연구 프로젝트로 이온을 분석하고
  이온 확장 기술의 잠재력을 조사해서 무선통신과 미사일 탐지 등에 이용하려
  는 것이다.

45) Michel Chossudovsky, "'Owning the Weather' for Military Use," Global Research,
   September 27, 2004, http://www.globalresearch.ca/articles/CHO409F.html 참조.

'원격 건강장애'를 가능하게 하는 전자기 복사(방사선) 또한 전장에서 예견될 수 있다.[47] 한편 새로운 미국의 세기를 위한 프로젝트에서 시사되고 있듯이, 미군에 의해 생물학적 무기의 새로운 사용도 예견될 수 있다. "특정한 유전자형을 '겨냥'할 수 있는 생물학적 무기의 진전된 형태들은 생물학적 전쟁을 테러의 영역에서 정치적으로 유용한 도구로 바꾸어낼지도 모른다."[48]

이란의 군사적 능력: 중거리 및 장거리 미사일들

이란의 샤합 미사일의 사정권.

이란은 이스라엘이나 걸프 국가들을 사정권에 둔 중거리 및 장거리 미사일을 포함하여 고도화된 군사 능력을 보유하고 있다. 그래서 미국-나토-이스라엘 동맹은 (선제적으로든 이란의 보복적인 미사일 공격에 대한 대응

46) Lt Gen Jay W. Kelley, "Air Force 2025 Executive Summary," http://web.archive. org/web/19970429005352/www.au.af.mil/au/2025/monographs/E-S/e-s.htm. 또한 US Air Force, "Weather as a Force Multiplier: Owning the Weather in 2025," http://csat.au.af.mil/2025/volume3/vol3ch15.pdf, "Weather as a Force Multiplier: Owning the Weather in 2025, Chapter 1," http://www.fas.org/spp/military/docops /usaf/2025/v3c15/v3c15-1.htm도 참조.

47) Mojmir Babacek, "Electromagnetic and Informational Weapons," Global Research, August 6, 2004, http://www.globalresearch.ca/articles/BAB408B.html 참조.

48) "Rebuilding America's Defenses," Project for the New American Century, p. 60.

으로서든 사용할 계획이 되어 있는) 핵무기의 사용을 강조하고 있다.

2006년 11월 이란의 지상 미사일 시험은 신중한 작전에 따른 정확한 기획으로 특징지어진다. (데브카에 의해 인용된) 미국의 고위 미사일 전문가에 따르면, "이란인들은 서구가 그들이 보유했을 것으로 알지 못했던 첨단 미사일 발사 기술을 과시했다".[49] 이스라엘은 "사거리 2,000km의 샤합-3는 이스라엘, 중동, 유럽을 사정권 안에 두고 있다"고 인정했다.[50]

이스라엘 탄도탄 요격 미사일 프로그램의 전임 수장이었던 우찌 루빈(Uzi Rubin)에 따르면 "그 군사훈련의 강도는 이례적이었다 ……

(상)파르스 통신(Fars News Agency).
촬영: 사티야르 에마니(Satyar Emani).
(하)파르스 통신.
촬영: 호세인 파테미(Hossein Fatemi).

그것은 인상을 심어주기 위한 것이었고 실제로 인상적이었다".[51]

2006년 훈련은 미국과 이스라엘의 정치적 동요를 불러일으키기는 했지만 결국 이란과의 전쟁을 감행하려는 미국 - 나토 - 이스라

49) Michel Chossudovsky, "Iran's 'Power of Deterrence'," Global Research, November 5, 2006, http://www.globalresearch.ca/index.php?context=va&aid=3713 참조.

50) 같은 글.

51) CNS News, http://www.cnsnews.com, November 3, 2006.

엘의 결의를 바꾸지는 못했다.

테헤란은 여러 차례의 성명에서 공격을 당하면 반격할 것이라고 공언했다. 이란 정부가 공인하듯이, 이스라엘은 이란 미사일 공격의 즉각적인 대상이 될 것이다.

이스라엘 방공체계 문제는 그래서 관건적이다. 걸프 국가들과 터키, 사우디아라비아, 아프가니스탄, 이라크에 있는 미국과 동맹국의 군사시설들 역시 이란의 표적이 될 것이다.

이란의 지상군

미국과 동맹군 기지들에 둘러싸여 있기는 하지만 이란은 상당한 군사력을 보유하고 있다(146쪽 지도 참조). 아프가니스탄과 이라크에 주둔 중인 미군 및 나토 병력과 비교해볼 때 중요한 점은 인원(육군, 해군, 공군)의 견지에서 이란군의 규모 자체이다. 잘 조직된 반란에 부딪친 동맹군은 이미 아프가니스탄과 이라크에서 감당할 수 있는 이상을 요구받고 있다. 이런 군대가 이란 지상군이 현존하는 이라크와 아프가니스탄 전쟁터로 치고 들어갔을 때 대처할 수 있을 것인가?

이라크와 아프가니스탄 양쪽 모두에서 미국과 동맹 점령군에 대한 민족적 저항운동들의 잠재력은 필연적으로 확대될 것이다.

이란 지상군은 대략 70만 명 정도이며 그 중 13만 명이 직업군인이고 22만 명은 징집병, 35만 명이 예비군이다. 해군은 1만 8,000명, 공군은 5만 2,000명이다.[52] 국제전략연구소(the International Institute for Strategic Studies: IISS)에 의하면 "자체의 해군, 공군 및 지상군과 쿠

드부대(특수부대)로 구성된 혁명수비대는 5개의 지부에 12만 5,000
명의 인원을 보유한 것으로 추정된다". 국제전략연구소에 따르면
혁명수비대에 의해 통제되는 이란의 바시즈 민병대는 "9만 명의
군복차림 현역 전임 병력과 30만 명의 예비병, 그리고 필요하면 동
원될 수 있는 1,100만 명을 거느리고 있는 것으로 추정된다".[53] 달
리 말하면 이란은 50만 명에 이르는 정규군 병력과 수백만 명의 민
병대를 동원할 수 있는 것이다. 이란의 쿠드부대는 이미 이라크 안
에서 활동하고 있다.

이란을 둘러싸고 있는 미군과 동맹군 시설

여러 해 동안 이란은 자체의 전쟁 연습과 훈련을 수행해오고 있
다. 공군 쪽은 약점을 가지고 있지만 중거리 및 장거리 미사일은 온
전히 작동가능하다. 이란군은 준비완료 상태이다. 이란 병력이 집
결해 있는 곳은 현재 이라크와 아프가니스탄 국경에서 2~3km 내,
그리고 쿠웨이트 근처이다. 이란 해군은 아랍에미리트에 있는 미
국과 동맹군 시설에 가까운 페르시아 만에 배치되어 있다.

이란의 군사력 강화에 대응하여 미국이 많은 양의 무기를 쿠웨
이트와 사우디아라비아를 포함하여 페르시아 만에 있는 비나토 동
맹국들에게 인도했다는 사실을 주목할 필요가 있다.

---

52) "Islamic Republic of Iran Army," Wikipedia, http://en.wikipedia.org/wiki/Islamic_
Republic_of_Iran_Army.
53) "Armed Forces of the Islamic Republic of Iran," Wikipedia, http://en.wikipedia.org
/wiki/Armed_Forces_of_the_Islamic_Republic_of_Iran.

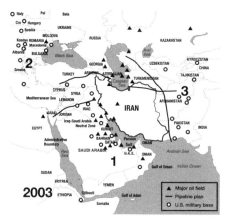

미군 기지들.

이란의 신형 무기들은 미국 및 나토의 무기들에 미치지 못하지만 이란군은 이라크와 아프가니스탄의 재래식 전구에서 동맹군에 상당한 손실을 안길 수 있는 위치에 있다. 이란의 지상 병력과 탱크는 2009년 12월 동맹군과 충돌하거나 도전당하지 않은 채 국경을 넘어 이라크로 진입, 분쟁 영토 중 하나인 동(東) 메이산 유전을 장악했다.

심지어 크루즈 미사일, 재래식 벙커 파괴탄, 전술 핵무기를 이용한 대규모 폭격을 통해 이란군 시설, 통신체계 등에 대한 전격전이 효과적으로 이루어지는 경우에조차, 이란과의 전쟁은 일단 시작되면 지상군으로 이어질 수 있다. 이것이 의심할 나위 없이 미국 군사 기획가들이 모의전쟁 시나리오에서 고려하는 것이다. 특히 핵무기가 사용된다면, 이러한 성격의 작전은 막대한 군인과 민간인의 살상을 초래하게 될 것이다.

미국 의회에서 승인된 아프가니스탄 전쟁 예산 증가도 궁극적으로 이란에 대한 공격에 이용하려는 의도에서 이루어진 것이다. 확전 시나리오에서 이란 병력은 이라크와 아프가니스탄 국경을 넘어갈 수 있다. 한편, 핵무기를 사용한 확전은 중동 및 중앙아시아 지역을 넘어서 확대되는 제3차 세계대전 시나리오로 이어질 수 있다. 매우 현실적인 의미를 가지고 지난 5년 이상 펜타곤의 계획에 올라 있는 이러한 군사적 구상은 인류의 미래를 위협한다.

이 책의 초점은 전쟁 준비였다. 전쟁 준비가 완료된 상태에 있다는 사실이 이러한 계획이 실행된다는 것을 의미하지는 않는다. 미국 - 나토 - 이스라엘 동맹은 적이 상당한 대응 및 보복 능력을 가지고 있다는 것을 알고 있다. 이 요인이야말로 지난 5년 동안 미국과 그 동맹국들이 이란에 대한 공격을 미루는 데 결정적이었다.

또 다른 관건적 요인은 군사적 동맹의 구조이다. 나토는 가공할 만한 힘을 가지게 된 반면 러시아, 중국, 그리고 여러 구(舊)소련 공화국들 사이의 동맹을 구성하는 상하이협력기구는 상당히 약화되었다. 중국과 러시아를 향한 미국의 계속되는 군사적 위협은 상하이협력기구를 약화시키고, 미국 - 나토 - 이스라엘이 공격을 감행할 경우 이란의 동맹국들이 어떠한 형태의 군사적 행동에도 나서지 못하게 하려는 것이다.

6 | 전쟁의 흐름을 반전시키기

선과 악의 이분법이 기세를 떨치고 있다. 전쟁을 준비하는 자들은 피해자로 제시된다.

여론은 호도되어 있다. "우리는 서구적인 생활양식을 지키기 위한 수단으로서 모든 형태의 악에 대해 싸워야 한다."

미국 주도의 핵전쟁이 평화의 도구가 될 때, 세계의 기구들과 유엔을 포함한 최고 권위에 의해 용납되고 받아들여질 때, 되돌릴 길은 없다. 인류 사회는 지울 수 없이 자기파괴의 길로 곤두박질치게 될 것이다.

이 전쟁이 발발하는 것을 막을 수 있는 주요 요소는 사회의 밑바닥에서 나온다. 이는 나라를 가로질러 민족적으로 국제적으로 수억의 민중들에 의한 강력한 반전행동을 필요로 한다.

끔찍한 전쟁의제에 반대하여 민중들이 일어서야 할 뿐 아니라, 국가 당국과 관리들에 도전해야만 한다.

이 전쟁은 민중들이 그들의 정부에 강력하게 대항하고, 선출된 대표들에 압력을 가하며, 읍면·마을·지방 수준에서 조직하고, 핵전쟁의 함의에 대해 말을 퍼뜨리며 주변 시민들에게 정보를 주고, 군대 내에서 논쟁과 토론을 불러일으킬 때 예방될 수 있다.

군중시위와 반전 항의를 개최하는 것만으로는 충분치 않다. 권력과 권위 구조에 도전할 수 있는 광범위하고 잘 조직된 풀뿌리 반전 네트워크가 요구된다.

요구되는 것은 전쟁과 신세계질서의 정당성에 강력하게 도전할 수 있는 민중의 대중운동, 전쟁을 범죄화하는 전 지구적인 민중운동이다.

반전 항의는 항의하는 대상의 정당성을 의문에 부치지 않는다. 항의는 서구식 민주주의하에서 받아들여진다. 왜냐하면 그것은 정치 지도자들에게 정책적 태도를 바꾸라고 압력을 가하기는 하지만 기성의 정치질서를 인정하기 때문이다. 항의는 그 요구들이 향하는 자들, 즉 고위직에 있는 전쟁 범죄자들의 이해에 복무한다. 궁극적으로 문제가 되는 것은 미국 외교정책의 형성과 방향을 통제하는 정치적·군사적 행위자들과 경제적 권력 구조의 정당성이다.

오바마 행정부가 테러와의 전쟁을 실행하고 있지만 (수많은 공식 문서들을 포함한) 증거들은 역대 미국 행정부들이 국제 테러리즘을 지지하고 사주하며 그 온상이 되어왔음을 충분히 확인해주고 있다. 이러한 사실은 그 자체로 감추어져야 한다. 만약 그것이 광범위한 대중에게 흘러가게 되면 이른바 테러와의 전쟁의 정당성은 순식간에 무너져 버릴 것이기 때문이다.

이슬람 근본주의에 맞서는 미국의 신성한 십자군 전쟁은 미국 국가안보 독트린의 기초를 구성한다. 어떻게 해야 전쟁과 경찰국가의 의제들을 효과적으로 깨뜨릴 수 있는가? 그 핵심은 테러와의 전쟁을 거부하는 것이다.

반전 감정 그 자체는 전쟁의 흐름을 뒤집지 못한다. 따라서 요구되는 것은 주요한 정치적·군사적 행위자들의 정당성에 일관되게 도전하고, 미 제국의 진정한 얼굴과 그 밑바탕에 있는 외교정책의 군사화를 폭로하는 것이다. 궁극적으로 오바마 행정부의 '통치권'을 의문에 부치는 것이다.

거짓을 폭로하기

미국 정부의 가장 큰 적은 진실이다.

미국 행정부와 그 동맹국들의 이면에 있는 거짓을 폭로하는 것은 주요한 정치적·군사적 행위자들의 정당성을 잠식하기 위한 토대이다.

비록 다수 국민이 전쟁에 반대한다고 해도, 그 자체만으로는 전쟁이 발발하는 것을 막지 못할 것이다. (허위) 선전전의 목표는 주요 정치·군사 행위자들의 정당성을 지지하고 있는 거짓을 유지하는 것이다. 통치자를 끌어내리는 필수조건은 그들의 허위 선전전을 약화시키고 끝내는 해체시키는 것이다.

이러한 목표를 이루기 위한 최선의 방법은 무엇일까? 이는 테러와의 전쟁 이면의 거짓을 완전히 드러내고 9·11에서 미국 정부의 공모를 폭로함으로써 가능하다. 이것은 거대한 사기극이며 미국 역사상 최대의 거짓말이다. 전쟁의 구실은 인정될 수 없으며 통치자는 쫓겨나야 한다. 나아가, '제1의 적(오사마 빈 라덴)'은 조작되었음을 보여주는 것이 중요하다.

소련 - 아프간 전쟁 이래 알카에다와 미 중앙정보국의 연계를 비롯하여 테러조직을 지원하는 비밀작전은 전면적으로 폭로되어야 한다. 왜냐하면 그것들은 9·11 이후 일어난 테러 공격의 파고와 직접적으로 결부되어 있으며, 이들 테러 모두는 알카에다와 연계되어 있다고 주장되기 때문이다.

전쟁의 흐름을 뒤집기 위해서는 허위 선전전의 악영향에 대응하는 모든 수준의 정보들을 널리 퍼뜨려야 한다.

진실은 거짓을 잠식하고 무력화시킬 것이다.

일단 이러한 진실이 온전히 이해되면 통치자들의 정당성은 순식간에 무너져 내릴 것이다.

이것이 성취되어야 하는 일이다. 하지만 우리가 공식적인 선전전에 효과적으로 대응할 때에만 이것을 성취할 수 있다. 이 기획은 정부의 선전기구들을 약화시키고 궁극적으로 마비시키기 위해 광범위한 풀뿌리 네트워크에 정보들을 퍼뜨릴 것을 요구한다.

9·11에 관련된 것을 포함한 거짓말들이 완전히 폭로되고 모두에 의해 이해될 때, 미국 - 나토 - 이스라엘 군사의제의 정당성은 깨져 나갈 것이다. 이것이 반드시 미국에서 근본적이고 중대한 '체제변화(regime change)'로 귀결되지는 않겠지만 새로운 '반전 컨센서스'가 나타나게 될 것이다. 그것은 궁극적으로 신세계질서와 미 제국의 세계 지배에 맞서는 더 광범위한 투쟁으로 가는 길을 닦게 될 것이다.

전쟁의제는 반전 감정이나 항의를 통해서는 무장해제 되지 않는다. 항의는 항의 대상이 되는 지도자들의 정당성을 인정한다. 버락 오바마 대통령에게 "제발 제네바협약과 뉘른베르크헌장을 준수해 주세요"라고 호소하는 것으로 전쟁의 흐름을 뒤집진 못한다. 궁극적으로 일관된 반전의제는 신세계질서의 제도들과 합의구조를 해체시키는 것을 향한 첫 단계로 고위직에 있는 전쟁 범죄자들을 끌어내릴 것을 요구한다.

이 종교재판을 깨부수기 위해 우리는 그들의 선전전, 즉 충격요법을 통해 테러와의 전쟁을 받아들이도록 여론을 조작하는 공갈과 협박의 캠페인을 깨뜨려야 한다.

기존의 반전운동

기존의 반전운동은 2003년 이래 현저하게 약화되고 분열되었다. 현재로서 반전운동은 이 캠페인을 감당하는 데 필요한 조직적 역량을 갖고 있지 못하다. 반전운동은 미국의 군사의제의 본질에 관해 잘못 인식하고 있다. 여러 비정부조직들이 '국제사회'의 '합리적인 요구들'을 따르지 않는다고 이란을 비난하고 있다. 세계평화에 헌신하는 이들 단체들은 미국이 계획하고 있는 대이란 폭격의 함의를 과소평가하는 경향이 있다.

저명한 진보적 지식인들을 포함한 반전운동의 중요한 일부 세력이 암묵적으로 테러와의 전쟁을 지지하고 있다. 알카에다는 위협으로 간주된다. "우리는 전쟁에 반대하지만 테러리즘에 맞서는 싸움을 지지한다."

미국의 군사 독트린과 전쟁 감행 구실에 도전하는 '9·11 진실 운동'은 반전운동의 분파들에 의해 '음모 이론가'로 분류되어 있다.

우리는 기존의 반전운동 구조에 기반해야 하지만 유의미한 대중운동은 전적으로 다른 전제와 전략을 필요로 한다.

반대세력 조작하기

미국, 캐나다와 서유럽의 반전 집단은 수많은 노동조합, 비정부조직(NGO), 지역 그룹 등으로 구성되어 있고 그 중 다수는 재단, 그리고(또는) 정부 자금에 의존하고 있다. 이러한 비정부조직들 중 여럿은 공공자금과 더불어 포드, 록펠러, 매카시 재단 등 사적 자금에 깊이 의존하고 있다. 반-세계화와 반전운동들은 월스트리트, 5대 국방부 계약자들(즉 군수업자들)과 록펠러 그룹에 의해 통제되는 거대 텍사스 석유기업들에 반대하지만 록펠러 그룹의 재단과 자선단체들은 진보적인 반자본주의·반전 네트워크와 (거대 석유회사에 반대하는) 환경주의자들에게 궁극적으로 그들의 다양한 활동들을 감독하고 틀지우기 위해 관대하게 자금을 대고 있다. 이러한 '반대세력 조작하기' 메커니즘은 조종가능한 환경, 즉 반전 동맹을 포함한 진보적 조직들 안에 있는 개인들에 대한 강압적이고 교묘한 포섭과정을 필요로 한다.

주류 미디어가 '동의를 조작하는' 반면 (일부 대안 미디어를 비롯한) 비정부조직들의 복합적 네트워크는 항의운동을 틀지우고 조종하는 기업 엘리트들에 의해 이용되고 있다. 미국에서 평화와 정의를 위한 연합(United for Peace and Justice)과 무브온(MoveOn)을 위시한 주요한 반전동맹들이 기업체들의 자금지원을 받고 있다. 비슷하게, 공식적인 9·11 담론을 받아들이는 일부 '좌파' 대안 미디어들은 미국 주도 전쟁에 입에 발린 말이나 하고 있다.[1]

이 지점에서 거대 재단에서 자금지원을 받는 '진보주의자들'은 선명한 풀뿌리 반전운동을 형성하는 데 방해물이다. 일관된 반전운동은 그 대열 안에 있는 여러 형태의 포섭에 맞서야 한다. 진보적 견해의 상당 부분이 미국 - 나토가 공동 후원하는 '인도적 개입'을 포함한 미국의 외교정책을 암묵적으로 지지하고 있다.

거대 기업재단에서 자금지원을 받는 반전운동은 해결책이라기보다는 문제를 일으키는 원인이다. 일관성 있는 반전운동은 전쟁광들의 자금을 받을 수 없다.

전쟁할 권리: 9·11과 유고슬라비아 및 아프가니스탄 침공

유고슬라비아와 아프가니스탄 전쟁은 둘 다 진보주의자들에 의해 정의로운 전쟁으로 옹호되었다. 아프가니스탄 전쟁의 경우, 자기방어론이 9·11 공격에 대한 정당한 대응으로서 액면 그대로 받아들여졌다. 미국 정부가 '이슬람 테러 네트워크'를 지원해왔을 뿐아니라 1995~1996년에 탈레반 정부를 세우는 데 중요한 역할을 했다는 사실에 대해 검토하지도 않고 말이다.

2001년 아프가니스탄이 폭격에 이어 침공당했을 때, 진보주의자들은 대체로 정부의 '정의로운 대의' 군사독트린을 옹호했다. 9·11

1) Michel Chossudovsky, "'Manufacturing Dissent': The Anti-Globalization Movement is Funded by the Corporate Elites," Global Research, September 2010, http://global research.ca/index.php?context=va&aid=21110.

의 와중에서 아프가니스탄에 대한 불법 침공에 반대하는 반전운동은 고립되었다. 노동조합들과 시민사회조직들은 미디어의 사기와 정부의 선전을 넙죽 받아들였다. 그들은 알카에다와 탈레반에 대한 응징 전쟁을 인정했다. 여러 저명한 좌파 지식인들이 테러와의 전쟁의제를 옹호했다.

미디어 허위정보 유포가 기승을 떨쳤다. 민중들은 아프가니스탄 침공의 저변에 있는 본질과 목표들에 대해 오도되었다. 티끌만 한 증거도 없이, 그리고 알카에다와 미국 정보기구 사이의 역사적 관계를 제기하지도 않은 채, 오사마 빈 라덴과 탈레반이 혐의자로 지명되었다. 이 점에서 9·11을 이해하는 것은 일관성 있는 반전 입장을 세우는 관건이다. 9·11은 미국의 전쟁 선전을 떠받치는 기둥이다. 그것은 외부의 적이라는 환상을 지탱하며, 선제적 군사 개입을 정당화한다.

유의미한 반전운동은 테러와의 전쟁을 깨부수고 9·11 진실운동을 옹호할 것을 요구한다. 전쟁과 세계화의 흐름을 뒤집기 위해서는 나라를 넘어서 민족적·국제적으로, 이웃·작업장·교구·학교·대학과 지방자치체 등에서 미국이 주도하는 핵전쟁의 위험을 알리기 위한 대규모의 네트워킹과 지원활동이 필요하다.

그 메시지는 크고 분명해야 한다. 이란은 위협이 아니라는 것이다. (핵무기를 사용하지 않는) 재래식 전쟁의 경우에조차 계획하고 있는 폭격은 확전을 낳고 궁극적으로는 중동에서 확대된 전쟁으로 우리를 끌고 갈 것이다.

논쟁과 토론은 군대 및 정보기관 안에서, 특히 전술 핵무기의 사용과 관련해서, 미국 의회 복도에서, 그리고 지방자치체와 모든 레벨의 정부기관에서도 벌어져야 한다. 고위직에 있는 정치적·군사적 행위자들의 정당성이 도전받아야 한다. 기업 미디어 역시 미국 주도의 전쟁범죄를 은폐하는 데 무거운 책임을 지고 있다. 그들은 중동전쟁에 대한 편향된 보도에 대해 강력하게 도전받아야 한다.

지난해 동안 워싱턴은 다른 나라들을 자신의 군사의제를 지지하는 명단에 올리기 위해 '외교적 팔 비틀기' 활동을 벌이는 중이다. 외교 수준에서는 중동, 아시아, 아프리카, 남미의 나라들이 미국의 군사의제에 반대하는 단호한 입장을 채택하는 것이 중요하다. 국가들이 수많은 비나토 '협력국'들을 포함하고 있는 미국 - 나토 군사동맹에서 손을 떼어야 한다.

국무부의 힐러리 클린턴과 그의 전임자 곤돌리자 라이스는 '이란의 핵 프로그램에 대한 우려를 표명하면서' 중동을 넘나들었다. 이 지역의 정부들의 이란에 대한 분명한 반대를 얻어내기 위해서였다. 그러는 사이 부시와 오바마 행정부 양자는 모두 이란과 미국에 있는 반체제 이란인들을 지원하기 위한 자금을 배정했다.

가짜 반전활동: 이란이 핵위협 국가라고 선전하기

반전운동 내에 있는 많은 사람들이 미국 정부를 비난하면서도, 이스라엘에 대한 호전적 태도를 이유로 아마디네자드(Mahmoud Ahmadinejad) 대통령 정부도 비난한다. 인도주의적 대의에 입각해서 유고슬라비아 폭격의 구실로 이용되었던 전쟁할 권리론이 이제 이란에 대해 적용되고 있다. 아마디네자드 대통령은 2005년 10월 《뉴욕타임스》에 처음 보도된 바대로 이스라엘이 '지도 밖으로 쓸어내 지기를' 원한다는 혐의를 받고 있다.

　이란의 보수적 새 대통령 마무드 아마디네자드는 …… [2005년 10월 25일] 이스라엘은 지도 밖으로 '쓸어내져야' 하며, 팔레스타인인들에 의한 공격이 이스라엘을 파괴할 것이라고 말했다고 ISNA 통신사가 보도했다.

　아마디네자드는 <시오니즘 없는 세계>라는 프로그램에서 약 4,000여 명의 학생 청중들에게 연설하는 중이었다 ……. 그의 어조는 1979년 이란 이슬람 혁명 초기를 연상케 했다. 이란과 이스라엘은 그 이후 격렬한 적(敵)이 되었고, 반-이스라엘 구호는 집회에서 흔하게 등장했다.2)

　혐의를 받고 있는 '지도에서 쓸어내져야' 언술은 이란 대통령에 의해 결코 행해진 바 없다. 이 유언비어는 이란의 지도부를 불신케 하고 이란과의 전면전을 위한 명분을 제공하기 위해 미국 미디어가 조작한 것이다.

　2005년 10월 25일, …… 새로 선출된 이란 대통령 마무드 아마디네자드는 <시오니즘 없는 세계>라는 제목의 프로그램에서 연설을 했다 …….
　저 악명 높은 언급에 대해 말하기 전에, 문제가 되고 있는 '인용'은 그

---

2) Nazila Fathi, "Wipe Israel 'off the map' Iranian says," *The New York Times,* October 27, 2005, http://www.nytimes.com/2005/10/26/world/africa/26iht-iran.html?_r=1.

자체가 인용이었음을 주목하는 것이 중요하다. 이는 이슬람 혁명의 아버지 고 아야툴라 호메이니의 말이다. 아마디네자드가 시오니즘에 대한 자신의 입장을 단언하기 위해 호메이니를 인용하긴 했지만 실제 표현은 호메이니의 것이지 그의 것이 아니다. 그러므로 아마디네자드는 독창적이지 않을 뿐 아니라 그가 집권하기 훨씬 전에 이미 존재하고 있었던 견해를 되풀이한 인용으로 칭찬 (또는 비난) 받아 왔다.

실제의 인용

그러면 아마디네자드는 실제로 뭐라고 했는가? 페르시아어로 되어 있는 그의 실제 말을 인용하면

"Iman ghoft een rezhim-e ishghalgar-e qods bayad az safheh-ye ryzgar mahv shavad."

이 구절은 대부분의 사람들에게 아무런 의미도 없다. 다만 하나의 단어가 귀에 들어올 수도 있다. rezhim-e. 이는 '레짐(regime)'이라는 단어로 영어와 거의 비슷하게 발음되는데, 끝에 '에흐' 음이 붙는다. 아마디네자드는 국가나 국토로 이스라엘을 지칭한 것이 아니라 이스라엘 정권을 가리킨 것이다. 이는 매우 의미심장한 구분이다. 누구도 정권을 지도에서 쓸어낼 수는 없기 때문이다. 아마디네자드는 심지어 이스라엘을 그 국가명으로 지칭하지도 않는다. 대신에 "rezhim-e ishghalgar-e qods (예루살렘을 장악하고 있는 정권)"이라는 특정한 어구를 사용했다.

그리하여 여기에서 문제가 제기된다 ……. 그가 '지도로부터 쓸어내지기'를 원하는 것은 정확히 무엇인가? 대답은 '아무것도 아니다'이다. 왜냐하면 '지도'라는 단어가 결코 사용되지 않았기 때문이다. 지도에 해당하는 페르시아 단어 'nagsheh'는 그의 본래 페르시아어 인용 어디에도, 그리고 그것이 문제라면 그의 연설 전체 어디에도 들어 있지 않

다. 뿐만 아니라 서구의 어구 'wipe out(쓸어낸다)'도 언급되지 않았다. 그런데 '지도', '쓸어낸다' 또는 '이스라엘'이라는 단어는 입 밖에 내지도 않았음에도 우리는 이란의 대통령이 '이스라엘을 지도 밖으로 쓸어내 버리겠다'고 위협했다고 믿도록 유도되고 있다.

증명

영어로 직역된 전체 인용문은 다음과 같다:

"The Imam said this regime occupying Jerusalem must vanish from the page of time(이맘은 예루살렘을 장악한 이 정권은 시간(역사)의 페이지로부터 사라져야 한다고 말했다)."

단어 대 단어 번역

Imam(Khomeini: 호메이니) ghoft(said: 말했다) enn(this: 이) rezhim-e (regime: 정권) ishghalgar-e(occupying: 장악하고 있는) qods (Jerusalem: 예루살렘) bayad(must: 해야 한다) az safheh-ye ryzgar(from page of time: 시간의 페이지로부터) mahv shavad(vanish from: 사라진다).

페르시아어로 된 연설 원고 전문은 아마디네자드의 누리집에서 볼 수 있다.

(http://www.president.ir/farsi/ahmadinejad/speeches/1384/aban-84/840804 sahyonizm.htm.)[3]

---

3) Arash Norouzi, "Israel: 'Wiped off The Map'. The Rumor of the Century, Fabricated by the US Media to Justify An All out War on Iran," Global Research, February 20, 2007, http://www.globalresearch.ca/index.php?context=va&aid=21188 의 상세한 기사 참조.

아마디네자드 대통령이 그의 연설에서 요구한 핵심은 텔아비브의 '정권교체'이다(이스라엘 정권교체에 대한 아마디네자드의 건조한 언술을 '테러리즘을 후원하는 국가들의 종식'을 요구한 전 국방차관 폴 울포위츠[Paul Wolfowitz]의 언술과 비교해보라. 울포위츠가 염두에 두었던 것은 민족 - 국가들의 전면적인 파괴였다).

혐의를 받고 있는 '지도 밖으로 쓸어내져야'라는 언술은 이란에 대한 선제적 공격을 정당화하는 데뿐만 아니라 반전운동을 가라앉히고 길들이는 데도 기여해왔다. 이란과의 전면전의 위험은 중요한 문제인데도 미국, 캐나다, 유럽의 반전운동에서는 결코 우선순위가 아니다. 미국에서 미국 - 이스라엘의 대이란 위협에 초점을 둔 행사는 극히 드물다.[4]

다른 한편으로 '핵 이란 반대 연합(United Against Nuclear Iran: UANI)'의 주도하에 오바마 대통령과 미국 의회에 이란의 핵무기 개발을 저지할 것을 요구하는 캠페인은 계속되고 있다. 오바마와 지명자인 리차드 홀브르크와 개리 사모어에 의해 설립된 핵 이란 반대 연합은 '인권 및 인도주의 그룹, 노동운동, 정치적 지지자와 풀뿌리 조직들'이 통합된 것이라고 주장하고 있다.[5]

핵 이란 반대 연합의 자문위원회는 다수의 미국 정부 내 인사들과 전 중앙정보국 국장 제임스 울시를 위시한 미국 정치가들과 긴밀한 연계

---

4) See main US antiwar collective, United for Peace & Justice, http://www.unitedforpeace.org/, "United for Peace & Justice : Events".

5) "Coalition Information," United Against Nuclear Iran (UANI), http://www.unitedagainstnucleariran.com/about/coalition

를 가지고 있는 거물들로 구성되어 있다……. 핵 이란 반대 연합은 이란의 핵 활동의 위험이라고 이야기되는 것들에 대한 선전적 보고서와 기사들을 발간함으로써 오로지 이란에 대한 공포 조성과 허위사실 유포에 전념하는 대변인으로 기능하고 있다.[6]

아라쉬 노루찌의 부인이 있었지만 반전운동 내의 많은 이들이 미국을 비난하면서 여전히 이란이 위협이 되고 있고 해결책은 정권교체라고 믿고 있다. (주요 반전운동 집단의 구성요소인) 비정부조직들이 면세 자선단체와 기업 재단의 자금을 받는 것은 이란과 관련한 반전행동의 약화에도 기여해왔다. 반전운동 내의 많은 사람들이 이란을 잠재적 공격자로 보고 있다. 이란의 현존하지 않는 핵무기가 전 지구적인 안보에 대한 위협으로 간주된다.

앞에 놓인 길

이러한 상황에서 요구되는 것은 전쟁과 관련된 권위와 의사결정 양식들의 무력화를 추구하고 광범위한 기반을 갖춘 풀뿌리 네트워크를 발전시키는 것이다. 이 네트워크는 소도시와 마을, 작업장, 교구 등 사회의 모든 수준에 구축되어야 한다. 노조, 농민조직, 직능단체, 기업단체, 학생조합, 퇴역자단체, 교회그룹 등이 반전운동의 조직구조를 통합하도록 요청받을 것이다. 결정적으로 중요한 점은, 이 운동이 군복무 남녀 사이에서 전쟁의 정당성을 깨부수기 위

---

6) "Spreading falsehoods about Iran: 'United Against Nuclear Iran': America's war propaganda mouthpiece," Orwell's Dreams, September 20, 2010 참조.

해 군대 안으로 확장되어야 한다는 것이다.

첫 번째 과제는 미디어 허위정보 유포에 맞서는 효과적인 캠페인을 통해 전쟁 선전전을 무력화하는 것이다. 기업 미디어는 언론기관에 허위정보를 흘리는 데 책임이 있는 주요 정보 출처들을 거부하도록 직접적으로 도전받아야 한다. 이러한 노력은 풀뿌리 수준에서 전쟁의 성격과 전 지구적인 위기에 대해 동료 시민들을 민감하게 만들고 교육하는 것과 선진적인 네트워킹을 통해, 인터넷의 대안 미디어 등을 통해, 효과적으로 '말을 퍼뜨리는' 것을 병행하는 과정이 되어야 한다.

정치적 권력구조의 정당성에 강력하게 도전하는 그러한 운동의 건설은 쉬운 과제가 아니다. 그것은 세계 역사상 비견할 수 없는 수준의 연대, 단결과 헌신을 필요로 한다. 그것은 사회 안에 있는 정치적 이데올로기적 장벽을 무너뜨리고 하나의 목소리로 행동할 것을 요구한다. 그것은 또한 궁극적으로 전범(戰犯)들을 자리에서 끌어내리고 전쟁범죄에 대해 그들을 기소할 것을 요구한다.

국가 구조와 군대 내에서의 반전운동

이 전쟁이 발발하는 것을 막을 수 있는 길항력은 무엇인가? 수많은 현존하는 힘들이 미국 국가기구, 의회, 펜타곤과 나토 안에서 작동하고 있다. 광범위한 논쟁이 미국과 나토 국가들의 국가체계, 군대, 정보기관 내부에서 개시되어야 한다. 연방, 주, 지방 정부 관리들과 모든 수준의 군대 및 정보기관 요원을 포함한 공공부문 종사자들이 고위직에 있는 전쟁범죄자들의 권위에 도전해야 한다. 즉,

모든 수준의 공공부문 종사자들에 의해 국가 내부로부터의 '관료적 봉쇄'가 실행되어야 한다.

정치적 권위와 의사결정의 위계는 도전받고 깨져야 한다. 부패와 이해 갈등은 폭로되어야 한다. "전쟁은 기업에 좋은 것이다." 이런 이윤 추구 군부의 배후에 있는 금전적 이해관계는 전면적으로 이해되어야 한다. 달리 말하면, 군수업자와 석유회사, 월스트리트의 이해를 대변하는 강력한 로비집단들은 그 내부에서부터 약화되어야 한다.

민간정부, 군대, 법률집행 등의 최고위 관리들의 세뇌작업을 포함하는 지속적인 테러와의 전쟁 캠페인 역시 분쇄되어야 한다. 민주적인 정부형태를 복원하기 위해 정치가들과 그들의 기업 후원자들의 연계는 단절되어야 한다. 고위직에 있는 전범들은 여론에서 정당성을 상실해야 한다. 그들이 실제로 어떤 자들인지 인식되어야 한다. 즉 그들은 전범이다. 그들이 유권자의 지지를 잃고 정치적으로 고립되었을 때에만 그러한 유의미한 변화가 이루어질 수 있다.

전장을 포기하라: 싸우기를 거부하라

더 광범위한 반전운동과 연결된 일관성 있는 운동이 군대 내부에서 착수되어야 한다. 군인들은 명령에 불복하고 범죄 전쟁에 참가하는 것을 거부해야 한다. 입대식 때의 군대 서약은 미국 군인들로 하여금 한편으로 미국 대통령과 최고사령관의 명령에 복종하도록 요구하지만 다른 한편으로는 미국 헌법에 대한 단호한 지지와 충성을 요구하기도 한다.

　나, ＿＿＿＿는 엄숙하게 맹세(또는 단언)하노니, 나는 국내외 모든 적에 맞서서 미합중국의 헌법을 지지하고 수호할 것이다. 나는 헌법에 대해 참된 믿음과 충성을 간직할 것이다. 그리고 나는 규정과 통일군사재판법(UCMJ)에 따라 미합중국 대통령의 명령과 상급 장교의 명령에 복종할 것이다. 그러니 신이여 나를 도우소서.[7]

　대통령과 최고사령관은 국내법과 국제법의 모든 원리들을 노골적으로 위반했다. 그러므로 '대통령의 명령에 복종한다'고 맹세하는 것은 미국 헌법을 수호하기보다는 위반하는 것이 된다.

　통일군사재판법이 분명하게 규정하고 있는바, 군인은 809.ART.90(20) "그의 상관의 합법적인 명령", 891.ART.91(2) "준위의 합법적인 명령", 892.ART.92(1) "합법적인 일반 명령", 892.ART.92(2) "합법적 명령"에 따라야 한다. 각각의 경우, 군인은 합법적인 명령에만 복종할 의무와 임무를 가지고 있으며, 실상 통일군사재판법을 준수하지 않는 대통령의 명령을 포함하여 불법적인 명령에 불복할 의무가 있다. 도덕적·법적 의무는 미국 헌법에 대한 것이지 불법적인 명령을 내리는 자들에 대한 것이 아니다. 특히 그러한 명령들이 헌법과 통일군사재판법에 직접적으로 위반될 때는 더욱 그러하다.[8]

....

7) Armed Services, Oath of Enlistment, Title 10, US Code: Act of May 5, 1960 replacing the wording first adopted in 1789, with amendment effective October 5, 1962. 미국 군대에의 '입대 맹세'는 미군 어느 부대에든 복무를 위해 입대 또는 재입대하는 사람은 누구에 대해서나 실시된다.

총사령관은 전범이다. 뉘른베르크 재판소 제4원칙에 따르면,

어떤 사람(예컨대 동맹군 병사들)이 그의 정부 또는 상관의 명령에 따라 행동했다는 사실은, 도덕적 선택이 사실상 그에게 가능했다면, 그에게 국제법에 따른 책임을 면하게 하지 않는다.[9]

이 '도덕적 선택'이 입대한 미국인, 영국인, 캐나다인과 동맹군 복무 남녀들에게 가능하게 하자. 불법적인 명령에 불복하라! 전장을 포기하라! 국제법과 미국 헌법을 노골적으로 위반하는 전쟁에서 싸우기를 거부하라!

그러나 이는 입대한 남녀들이 개별적으로 할 수 있는 선택이 아니다. 그것은 조직적인 구조를 필요로 하는 집단적이고 사회적인 선택이다.

미국, 영국, 캐나다와 모든 동맹국들에서 반전운동은 입대한 남녀들이 이 도덕적 선택을 할 수 있도록, 이라크와 아프가니스탄의 전장을 포기하도록 도와야 한다. 이는 쉬운 과제가 아니다. 이라크와 아프가니스탄에 병력을 파견한 미국, 캐나다, 영국, 이탈리아, 일본과 다른 동맹국들을 가로질러 지방 수준에서 위원회들이 꾸려

8) Lawrence Mosqueda, "An Advisory to US Troops: A Duty to Disobey All Unlawful Orders," Global Research, March 2, 2003, http://www.globalresearch.ca/articles/MOS 303A.html. 또한 Michel Chossudovsky, "'We the People Refuse to Fight': Abandon the Battlefield!" Global Research, March 18, 2006, http://www.globalresearch.ca/index. php?context=va&aid=2130.

9) "Principles of the Nuremberg Tribunal," 1950, http://deoxy.org/wc/wc-nurem.htm.

저야 한다. 우리는 퇴역자단체와 지역 공동체들에 이 과정을 지지하도록 호소한다.

이 운동은 허위정보 유포 캠페인을 해체시킬 것을 요구한다. 그들이 정의로운 전쟁, '테러리스트에 맞서는 전쟁'에서 싸우고 있다고 믿게 만드는, 동맹군 병사들에 주입된 것을 뒤집어야 한다. 미국 군사당국의 정당성은 깨뜨려져야 한다.

더 폭넓은 평화 프로세스

전 세계의 민중은 민족적으로 국제적으로, 끔찍스러운 군사의제에 맞서 일어서야 하며, 국가와 관리들의 권위는 도전받아야 한다.

이 전쟁은 민중들이 그들의 정부에 강력하게 대항하고, 선출된 대표들에 압력을 가하며, 읍면, 마을, 지방 수준에서 조직하고, 핵전쟁의 함의에 대해 홍보하고 주변 시민들에게 정보를 주며, 군대 내에서 논쟁과 토론을 불러일으킬 때 저지될 수 있다.

군중시위를 개최하는 것만으로는 충분하지 않다. 권력과 권위 구조, 경제체제의 성격, 전쟁을 위해 조달된 막대한 자금, 엄청난 규모의 이른바 방위산업에 도전하는 광범위하고 잘 조직된 풀뿌리 반전 네트워크가 필요하다. 요구되는 것은 전쟁의 정당성에 강력하게 도전할 수 있는 민중의 대중운동, 전쟁을 범죄화하는 전 지구적인 민중운동이다. 요구되는 것은 침묵의 공모를 깨부수고, 미디어의 거짓과 왜곡을 폭로하며, 미국 정부와 이를 지지하는 정부들의 범죄적 본질, 미국의 전쟁의제와 이미 경찰국가의 윤곽을 정의해온 이른바 '국토안보의제'에 도전하는 것이다.

성취되어야 할 것

이 군사적 기획의 범죄적 성격을 폭로하라.

선제적 핵전쟁을 지지하는 정치적 컨센서스를 지탱하는 거짓말과 사기들을 철저하게 깨뜨려라.

전쟁 선전전을 잠식하고, 미디어의 거짓말들을 폭로하고, 허위사실 유포의 흐름을 뒤집고, 기업 미디어에 맞서는 일관된 운동을 전개하라.

고위직에 있는 전쟁광들의 정당성을 깨뜨려라.

미국이 지원하는 군사적 모험과 그 기업 후원자들을 해체하라.

병사들을 고향으로 데려오라.

국가가 그 시민들을 보호하는 데 헌신한다는 환상을 버리라.

여론을 전 지구적인 전쟁의 위험으로부터 딴 데로 돌리는 수단인 전 지구적인 신종독감 전염 따위의 '가짜 위기들'을 폭로하라.

9·11 진실을 옹호하라. 테러와의 전 지구적인 전쟁이라는 미명하에 중동·중앙아시아 전쟁을 정당화하기 위해 이용되는 9·11 이면의 거짓들을 폭로하라.

이윤추구 전쟁이 은행과 군수업자들, 거대 석유기업들, 거대 미디어들, 생명기술 재벌들의 기득권에 어떻게 봉사하고 있는지 폭로하라.

이 전쟁의 원인과 결과를 혼동시키는 기업 미디어에 치밀하게 도전하라.

감추어졌던 핵무기를 사용한 전쟁의 비극적인 결과를 폭로하고 인식하라.

나토의 해체를 요구하라.

고위직에 있는 전범들에 대한 기소를 실행하라.

무기조립 공장들을 폐쇄하고 거대 무기 생산자들에 대한 압류를 실행하라.

미국과 전 세계에 있는 미군 기지들을 폐쇄하라.

군대 내에 반전운동을 건설하고 군대와 민간 반전운동 간의 가교를 구축하라.

미국 주도의 전 지구적인 군사의제에서 탈퇴하도록 나토와 비나토 국가 정부들을 강력하게 압박하라.

이스라엘에서 일관된 반전운동을 건설하라. 이스라엘 시민들에게 미국 - 나토 - 이스라엘 군사의제의 있을 수 있는 결과들을 알려라.

미국의 친-이스라엘 그룹들을 포함하여 전쟁에 찬성하는 로비그룹들을 겨냥하라.

국토안보국가를 해체하고 애국(PATRIOT) 법안의 폐기를 요구하라.

세계는 현대 역사에서 가장 심각한 위기의 기로에 서 있다. 미국은 인류의 미래를 위협하는 군사적 모험, 장기 전쟁에 착수하고 있다.

특히 북미와 서유럽에서 미국의 전쟁기획을 정치적 논쟁의 전면에 부각시키는 것이 필수적이다. 전쟁에 반대하는 정치·군사 지도자들은 그들 각자의 조직 안에서 확고한 태도를 취해야 한다. 시민들은 개인적으로 집단적으로 전쟁에 반대하는 태도를 취해야 한다.

우리는 미국, 서유럽, 이스라엘, 중동과 전 세계의 민중들에게 이 군사기획에 반대하고 이란에 대한 군사행동을 지지하는 그들 정부에 반대하며 이란과의 전쟁의 무시무시한 함의를 은폐하는 미디어에 반대하여 일어설 것을 호소한다. 이 군사의제는 세계 인구의 커다란 부분을 빈곤에 빠뜨리는 파괴적인 이윤추구 경제체제를 지지하고 있다.

이 전쟁은 그야말로 미친 짓이다. 제3차 세계대전은 바로 멸망이다.

알베르트 아인슈타인은 핵전쟁의 위험들과 열화우라늄으로부터 나오는 방사능 오염으로 이미 시작된 지구상의 생명의 멸종을 이해했다. "나는 제3차 세계대전에 무슨 무기로 싸울지 알지 못한다. 그러나 제4차 세계대전은 막대기와 돌로 싸우게 될 것이다."

미디어, 지식인들, 과학자들, 그리고 정치가들은 한 목소리로 은폐된 진실, 즉 핵탄두를 사용하는 전쟁이 인류를 파괴한다는 것과 이 점진적인 파괴의 복합적인 과정이 이미 시작되었다는 것을 모호하게 만들고 있다.

거짓이 진실이 될 때에는 돌이킬 수 없다.

전쟁이 인도주의적 노력으로 옹호될 때, 정의와 전체 국제법 체계는 거꾸로 뒤집힌다. 즉 평화주의와 반전운동이 범죄화된다. 전쟁에 반대하는 것이 범죄행위가 되는 것이다.

거짓은 그것이 무엇인지, 그리고 무엇을 하는지 폭로되어야 한다. 거짓은 남성, 여성, 그리고 아이들에 대한 무차별적 살상을 승인한다. 가족과 민중을 파괴한다.

거짓은 사람들의 동료 인간들에 대한 책임을 파괴한다. 거짓은 사람들이 고통받는 자들에 대한 연대를 표현하는 것을 막는다. 거짓은 전쟁과 경찰국가를 유일한 거처로 옹호한다. 거짓은 민족주의와 국제주의 양자 모두를 파괴한다.

거짓을 깨부수는 것은 이윤추구가 최고의 추동력인 전 지구적인 파괴의 범죄기획을 깨부수는 것을 의미한다.

이 이윤추구의 군사의제는 인간의 가치를 파괴하고 사람을 의식 없는 좀비로 변형시킨다.

전쟁의 흐름을 뒤집자.

고위직에 있는 전쟁 범죄자들과 그들을 지지하는 강력한 로비 집단들에 도전하라.

미국 - 나토 - 이스라엘의 십자군을 약화시키자.

무기공장과 군사기지들을 폐쇄하자.

군인들은 명령을 거부하고 범죄 전쟁에 참가하는 것을 거부해야 한다.

병사들을 고향으로 데려오라.

지은이 | **미셸 초스도프스키**(Michel Chossudovsky)

오타와대학교(University of Ottawa) 경제학과 명예교수로, 몬트리올에 있는 지구화연구센터(the Center for Research on Globalization: CRG)의 설립자이자 이사이며, globalresearch.ca 웹사이트의 편집자이기도 하다.

『빈곤의 세계화와 신세계 질서(The Globalization of Poverty and The New World Order)』(2003)와 『미국의 테러와의 전쟁(America's "War on Terrorism")』(2005) 등의 책을 썼고 브리태니커 백과사전의 기고자이다. 그의 글들은 20여 개가 넘는 언어로 출간되었다.

옮긴이 | **박찬식**

서울대학교 법학과와 행정대학원(석사)을 졸업하고 영국 요크대학교에서 정치학 박사를 마쳤다. 전태일을 따르는 사이버 노동대학 기획위원과 제주 4·3 진상규명 명예회복 범국민위원회 사무처장을 역임했으며, 현재는 성공회대학교와 충북대학교 등에서 강의를 하고 있다.

한울아카데미 1426

제3차 세계대전 시나리오
다가오는 이란 전쟁과 그 위험

ⓒ 박찬식, 2012

지은이 _ 미셸 초스도프스키
옮긴이 _ 박찬식
펴낸이 _ 김종수
펴낸곳 _ 도서출판 한울

편집책임 _ 김현대
편집 _ 이소현

초판 1쇄 인쇄 _ 2012년 2월 2일
초판 1쇄 발행 _ 2012년 2월 22일

주소_ 413-756 경기도 파주시 문발동 535-7 302(본사)
       121-801 서울시 마포구 공덕동 105-90 서울빌딩 1층(서울 사무소)
전화 _ 영업 02-326-0095, 편집 031-955-0606(본사)/02-336-6183(서울)
팩스 _ 02-333-7543
홈페이지 _ www.hanulbooks.co.kr
등록 _ 제406-2003-000051호

Printed in Korea.
ISBN 978-89-460-5426-4 93340

* 책값은 겉표지에 표시되어 있습니다.